Für Herrn Friedrich 🙂
Grüße nach Berlin!

Christian Wicklein
Nur wenn ich lachen muss, tut es noch weh

1. Auflage
Deutsche Erstausgabe Juni 2021
© 2021 by Christian Wicklein
Covergestaltung, Satz & Layout: Laura Newman
Lektorat: Yvonne Schauch, Düsseldorf
Herstellung und Verlag: BoD – Books on Demand, Norderstedt

Impressum
Christian Wicklein
Neuhäuser Straße 11, 96524 Föritztal OT Lindenberg
christianwicklein@gmx.net

ISBN-9783754308325

Alle in diesem Buch geschilderten Handlungen und Personen sind frei erfunden. Ähnlichkeiten mit lebenden oder verstorbenen Personen wären zufällig und nicht beabsichtigt.
Das Werk, einschließlich seiner Teile, ist urheberrechtlich geschützt. Jede Verwertung ist ohne Zustimmung des Verlages und des Autors unzulässig. Dies gilt insbesondere für die elektronische oder sonstige Vervielfältigung, Übersetzung, Verbreitung und öffentliche Zugänglichmachung.
Bibliografische Information der Deutschen Nationalbibliothek: Die Deutsche Nationalbibliothek verzeichnet diese Publikation in der Deutschen Nationalbibliografie; detaillierte bibliografische Daten sind im Internet über http://dnb.d-nb.de abrufbar.

CHRISTIAN WICKLEIN

Nur wenn ich lachen muss, tut es noch weh

Über das Buch
In jedem „Unglück" steckt auch „Glück" …
Wie weiß man, ob man zur falschen Zeit am falschen Ort war? Oder waren es letzten Endes sogar die richtige Zeit und der richtige Ort? Leif Lessmann, Zeitungsredakteur mit Theaterambitionen, ist zu einer „falschen Zeit" an einem „falschen Ort" – dabei wollte er nur mal eine rauchen. Seine Freundin hatte ihn bereits zuvor verlassen, jetzt verliert er durch ein dummes Missverständnis auch noch seinen Job, und die freundliche Nachbarschaft in seinem Mietshaus ist auch nicht mehr das, was sie mal war.
Der Zufall – oder ist es doch das Schicksal? – verschlägt ihn aus seinem öden Heimatort ins vibrierende Berlin: Dort kann er mit Unterstützung des verwegenen Theaterregisseurs Dull seinen größten Traum verwirklichen und sein erstes eigenes Stück auf die Bühne bringen. Doch wie das so ist mit großen Träumen: Werden sie erst einmal wahr, ist nichts mehr so wie zuvor.

Über den Autor
Christian Wicklein, geboren 1986 in Sonneberg, lebt in Südthüringen. Anfang 2017 veröffentlichte er seinen ersten Roman »Ich hab's geregelt. Es wird nix!« im Selbstverlag. Ende 2017 folgte »Schuster« sowie Mitte 2018 »Und die Spitalbesucher kamen in Engelskostümen«. Anschließend erschien der Kurzgeschichtensammelband »Holt die Kuh vom Eis«.
Seine Kurzgeschichte »Niemandsland« wurde im Rahmen des Literaturwettbewerbs 2019 der Gruppe 48 in einer Anthologie veröffentlicht. 2020 erschien »Die Entfaltung realen Wahnsinns in Zeiten des Widerstands«, eine Sammlung unterschiedlicher Kurzgeschichten.

»Kunst ist nur dann interessant,
wenn man am liebsten wegschauen möchte.«

Sun Li, Avantgardeforscherin

1

Dieser ganze Wahnsinn nahm vor etwa einem Jahr seinen Lauf. Damals lebte ich alleine auf fünfundsechzig Quadratmetern in einer Wohnung, die ich mir gerade so leisten konnte. Meine Abende verbrachte ich mit Schreiben, Fernsehen und Lesen. Unterstützt wurde ich dabei von einem Mixgetränk, das hauptsächlich aus Havana Club bestand. Und bevor jetzt irgendwelche Fragen dazu aufkommen: Das Verhältnis meiner Tätigkeiten war ungleichmäßig verteilt, sodass ein Großteil dem TV und dem Trinken zugeschrieben werden konnte. Darauf bin ich nicht gerade stolz. Aber was soll ich sagen? Leider entspricht es der Wahrheit. Denn zu dieser Zeit litt ich unter einer Schreibblockade, und weil das nicht ausreichte, auch noch an einer Leseflaute. Ein Buch in die Hand zu nehmen war keine Entspannung mehr, einen vernünftigen Satz zu schreiben kam einem Hexenwerk gleich. Aber solche Tage gab es eben auch. Sie durften nur nicht zu lange anhalten.

Die Geschichte beginnt an einem Donnerstag. Doch bevor ich loslege, möchte ich auf einen Satz hinweisen, den mir eine Freundin mit auf den Weg gab. Sinngemäß lautete er, dass es der Leser nicht mag, wenn am

Ende der Geschichte klar wird, dass der ganze Roman nur ein Traum war. Sie wissen schon, im letzten Kapitel wacht der Protagonist auf und die vorherigen dreihundert Seiten waren nur die Auswüchse wirrer Fantasien. Deswegen möchte ich von Anfang an klarstellen, dass dies hier nicht der Fall sein wird. Alles, was ich mitzuteilen habe, ist beinahe genauso passiert. Einige winzige Details habe ich vielleicht verändert. Ansonsten ist das meine Geschichte. Allerdings muss ich Ihnen auch gleich zu Beginn die Illusion nehmen, dass Sie hier die Biographie eines Prominenten lesen. Über mich gibt es ja noch nicht einmal einen Wikipedia-Artikel. Obwohl das mittlerweile gerechtfertigt wäre. Aber der Reihe nach.

Also los.

Das Wetter war den ganzen Tag ungemütlich gewesen. Im Radio berichteten sie über vollgelaufene Keller, die von der Feuerwehr ausgepumpt wurden. Es hatte seit Tagen ununterbrochen geregnet. Dabei war es kein Starkregen, sondern vielmehr ein sanfter, gleichmäßiger Niederschlag. Auf meinem Weg von der Arbeit nach Hause war mein Schirm nicht mehr als ein modisches Accessoire. Der Wind sorgte dafür, dass mich die Tropfen von der Seite attackieren konnten. Als ich in meiner Wohnung ankam, war alles unterhalb meiner Schultern durchnässt. Ich nahm eine heiße Dusche.

Gegen zwanzig Uhr saß ich auf meinem Sofa. Vor mir auf dem Tisch stand mein aufgeklappter Laptop. Ich wollte an diesem Abend einen neuen Versuch starten, mein Theaterstück weiterzuschreiben. Aus irgendeinem Grund malte ich mir aus, dass die Muse mir gewogen sein würde. Natürlich war sie das nicht. So saß ich da und stierte auf den Bildschirm. In meinem Kopf nichts als Leere. Dabei war ich ein halbes Jahr zuvor noch voller Elan und Inspiration an die Sache herangegangen. Damals war gerade eine Kurzgeschichte von mir in einer Zeitschrift veröffentlicht worden, und ich hatte zum ersten Mal das Gefühl gehabt, ein richtiger Schriftsteller zu sein. So hatte ich eine neue Datei geöffnet und losgelegt. Die Idee zu diesem Stück war schon monatelang in meinem Kopf herumgeschwirrt und die ersten Passagen waren mir auch sehr leicht von der Hand gegangen. Bis es irgendwann stockte. Statt zweitausend Wörtern am Tag schrieb ich nur noch tausend und dann nur noch ein paar hundert und dann gar nichts mehr. Die anfängliche Euphorie war der Ernüchterung gewichen.

Nachdem ich zehn Minuten stumpf auf den Bildschirm gestarrt hatte, stand ich auf, schnappte mir meine Jacke und ging vor die Tür. Zu dieser Zeit rauchte ich Marlboro Gold. Diese Sorte hatte ich erst ein paar Wochen zuvor für mich entdeckt. Sie war im Vergleich zu dem, was ich davor geraucht hatte, zwar nicht gesünder, aber ich bekam davon weniger Hustenanfälle. Das gab mir immer das Gefühl, meine Lunge nicht zu sehr zu strapazieren. Und ja, ich weiß, wie naiv das klingt. Immerhin war ich nur noch zwei Jahre von der magischen Vierziger-Grenze entfernt. Da schießen einem ja gerne mal Gedanken über die Gesundheit und das Altwerden durch den Kopf. Dabei sollte ab vierzig doch alles besser werden. Das hatte ich mal gelesen. Man müsse nur bis dahin durchhalten, dann würde alles einfacher werden. Ich hoffte, dass die Worte nicht von einem alten weißen Mann stammten.

Regentropfen schlugen auf das Vordach über meinem Kopf. Ich weiß noch, dass ich in Richtung Straße blickte und mich fragte, wieso jemand bei diesem Wetter draußen herumlief. Es war eine Gruppe Jugendlicher. Fünf oder sechs schwarz gekleidete Kerle. Einer von ihnen stellte sich mitten auf die Straße und behielt die Umgebung im Auge, während die anderen damit begannen, die Hauswand zu beschmieren. Mit grüner Farbe sprühten sie ein F und ein C an das Gebäude. Fußballfans, das war mir sofort klar.

»Hey, was soll das?«, rief ich. Der Typ, der Schmiere stand, drehte sich orientierungslos im Kreis, weil er nicht wusste, woher die Stimme kam. Die anderen entwürdigten weiterhin die Front des Hauses, nur einer schaute sich kurz um. Ohne zu zögern, lief ich auf die Gruppe zu. Wenn ich heute auf die Aktion zurückblicke, war das ziemlich dumm von mir. Einer von ihnen hätte ja eine Pistole haben können, oder ein Messer, oder Gott weiß was. Als sie mich sahen, ließen sie von der Wand ab und flüchteten. Nur einer lief in meine Richtung. Wenn ich ehrlich bin, schüchterte mich das ganz schön ein. Nicht nur wegen seines aggressiven Blicks, sondern vor allem wegen seiner Körpergröße. Aus der Entfernung hatte er kleiner gewirkt. Er kam bis auf einen Meter an mich heran. Sein Blick musterte mich von oben bis unten und wieder zurück. Dann drückte er mir die Spraydose gegen den Bauch und rannte seinen Kollegen hinterher. Reflexartig griff ich nach der Dose und stand innerhalb weniger Sekunden alleine auf der Straße.

Da pfiff jemand. Ich drehte mich zur Seite und erkannte die Silhouette von Herrn Matuschek an dessen Fenster. Dazu muss ich sagen, dass in unserem Wohnblock offiziell, also wenn man den Namen an den Türklingeln Glauben schenken durfte, vier Parteien lebten. Matuschek und ich als Single beziehungsweise Witwer, dazu zwei Familien. Im Erdgeschoss wohnte niemand. Zumindest dachte ich das jahrelang. Bis ich eine Woche vor diesem Vorfall zwei Kinder im Innenhof spielen sah, die ich noch nie zuvor gesehen hatte. Normalerweise spreche ich keine Fremden an, aber an diesem Tag war das anders. Auf meine Frage an die beiden, zu wem sie denn gehörten, antworteten sie gleichzeitig mit »Müller«. Ich sagte »Aha« oder etwas ähnlich Belangloses und ging weiter. Später hörte ich Kinderlachen aus der Erdgeschosswohnung. Die Kinder sah ich in den darauffolgenden Tagen noch dreimal, ihre Eltern nie. Als ich einem Kollegen in der Redaktion davon erzählte, meinte er nur: »Diese Hausbesetzer werden auch immer jünger.« Soviel dazu.

Zwischen seinen Händen hielt Matuschek, als handele es sich um ein rohes Ei, einen rechteckigen Gegenstand. Ein Handy. Bestimmt hatte er die ganze Aktion gefilmt, dachte ich. Das Bildmaterial würde uns später helfen, wenn die Polizei mit der Beweisaufnahme begann. Matuschek nickte mir zu. Ich antwortete, indem ich den Daumen hob. Danach schloss er sein Fenster und zog die Vorhänge gerade. Wir hatten ein gutes nachbarschaftliches Verhältnis. Nur gelegentlich war der alte Herr etwas launisch. Es gab Tage, da grüßte er mich überfreundlich und drängte mir ein kurzes Gespräch auf. An anderen Tagen war er eher reserviert. Wenn wir uns begegneten, schien er Mühe zu haben, sich ein »Hallo« abzuringen. Anfangs dachte ich noch, er hätte einige meiner Artikel gelesen und das würde ihm irgendwie sauer aufstoßen. Aber mit der Zeit war mir das auch egal. Wir hatten keine Probleme miteinander und ich musste ja auch nicht zwingend mit meinem Nachbarn befreundet sein. Ich wusste von ihm eigentlich nur, dass er seine Frau vor etlichen Jahren bei einem tragischen Unfall verloren hatte, über den er aber nie sprechen wollte. Es ging mich ja auch nichts an. Als ich in das Haus zog, lebte er schon alleine.

Ich ging zurück in meine Wohnung und stellte die Spraydose in die Ecke. Erst da fiel mir auf, dass ich gar nicht mehr nachgesehen hatte, welchem Fußballverein die Schmiererei galt. Danach nahm ich mir ein Bier aus dem Kühlschrank und setzte mich aufs Sofa. In den nächsten beiden Stunden konnte ich tatsächlich wieder schreiben. Dabei fühlte ich mich wie ein Held.

2

Ich arbeitete als Journalist bei der *NNZ*, der Neuen Neunbrückener Zeitung. Und ob Sie es glauben oder nicht, das war tatsächlich mein Traumberuf. Allerdings gab es nicht wenige Tage, an denen ich mir wünschte, ich könnte ihn in einer Metropole ausüben. Einfach, weil es in Berlin, Hamburg oder München mehr zu erleben gab als in der Sechzigtausend-Seelen-Stadt Neunbrücken. Meine größten journalistischen Erfolge waren der Bericht über das Verschwinden eines Hundewelpen, der wenig später, auch dank meiner Recherchen, im Tierheim zwei Ortschaften weiter gefunden wurde, sowie der Wettskandal im örtlichen Fußballverein, als der Kapitän von Blau-Weiß Neunbrücken absichtlich mit Rot vom Platz flog und dafür Geld kassierte. Das klingt ziemlich unspektakulär, und um ehrlich zu sein, war es das auch.

Diese Stadt war ein Zwitter. Im Westen strahlte ein AKW vom Hügel herab, quasi der Vesuv der Region. Und trotz des Kinos, liebevoll »Kammerlichtspiele« genannt, des Schwimmbads, der Bibliothek oder des Weinbaumuseums fühlte sich das Leben hier wie eine

Schlinge an, die verhinderte, dass man tief Luft holen konnte. Wir waren zu klein, um uns mit Großstädten zu messen, und zu groß, um als Dorf durchzugehen. Das spiegelte sich im Wesen der Einwohner wider, die mit einer Gleichgültigkeit durch die Straßen schritten, als könnte jeder Tag der letzte sein, was aber völlig in Ordnung wäre. Hier ein kurzes Beispiel:

Einmal war ich in der Fußgängerzone unterwegs, weil ich noch ein paar Besorgungen machen musste. Auf dem Nachhauseweg wollte ich mir einen Döner mitnehmen. Vor mir warteten zwei Männer auf ihre Bestellungen. Da sagte der kleinere der beiden: »Sag mal, Hans, wie geht's eigentlich deiner Frau?« Und der andere, also Hans, antwortete: »Die ist doch vor einem halben Jahr gestorben.« Sein Gesprächspartner nahm die Nachricht unbeeindruckt auf. Ohne den Hauch einer Emotion sagte er: »Das höre ich gerade zum ersten Mal.« Und Hans erwiderte: »Ja, es ging alles ziemlich schnell.« Woraufhin der andere »Na, so was!« sagte und Hans nickte. Dann bekam er sein Essen in einem Beutel überreicht. Der Kleinere vermied eine Beileidsbekundung und sagte stattdessen: »Dann mach es mal gut und lass es dir schmecken.« Hans lachte und sagte »Danke«. Dieser Dialog zeigt den Stoizismus der Neunbrückener. Man hielt sich nicht lange an negativen Dingen auf. Alles wurde hingenommen mit dem Wissen, das meiste sowieso nicht ändern zu können. Es ist mit

Sicherheit nicht das beste Beispiel. Aber vielleicht kann ich Ihnen damit wenigstens annähernd beschreiben, was ich meine.

Dieser Ort hatte alles und nichts zu bieten. Ich kann es nicht besser erklären. Das liegt vielleicht auch daran, dass ich mein ganzes Leben in dieser Stadt verbracht hatte, abgesehen von ein paar Urlauben. Während ehemalige Schulfreunde gleich nach dem Abi Neunbrücken den Rücken kehrten, blieb ich hier und hielt die Stellung, sozusagen. Das mag jetzt fürchterlich schwermütig klingen, aber wenn ich abends vor meinem Wohnhaus stand und rauchte, kam mir immer häufiger der Satz »Der Letzte macht das Licht aus« in den Sinn. Und irgendwie redete ich mir ein, dass ich dieser Letzte war.

Am Tag nach der Sprayer-Attacke verschlief ich. Das war mir seit Ewigkeiten nicht mehr passiert. Hektisch packte ich meinen Kram zusammen und verließ das Haus. Beim Blick auf die andere Straßenseite wunderte ich mich. Die Wand des Gebäudes war sauber. Nicht ein grüner Buchstabe oder ähnliches war zu sehen. Vielleicht hatte es der Regen abgewaschen. Ich machte mich zu Fuß auf den Weg zur Arbeit. Die Straßen waren immer noch feucht und in den Pfützen spiegelten sich die Wolken. Sonnenstrahlen huschten zwischen den Häusern hervor und verursachten breite Schatten auf den Gehwegen. Ich dachte, es könnte ein angenehmer Tag werden.

Die Zentrale der *Neuen Neunbrückener Zeitung* befand sich in einem Park am Stadtrand. Ein Rundweg führte an Rosskastanien und japanischen Lavendelheiden vorbei bis zu dem grauen Gebäude mit weißem Mörtel in den Fugen, auf dessen Dach ein Leuchtsignet mit den Initialen *NNZ* montiert war. Ich nahm an einem der freien Schreibtische Platz und startete meinen Laptop. Der Praktikant kam vorbei und fragte mich, ob es nicht langsam Zeit für einen neuen Desktop-Hintergrund wurde. »Nein«, sagte ich, »und jetzt verschwinde.« Ich hörte ihn noch »Weichei« sagen, bevor er im Kopierraum verschwand.

Jetzt möchten Sie sicherlich wissen, was da auf meinem Monitor zu sehen war, richtig? Nun, es war ein Foto von meiner Ex und mir aus unserem letzten gemeinsamen Urlaub auf Sylt. Wir standen Arm in Arm vor GOSCH in List. Ich hielt eine Flasche Jever in meiner rechten Hand und grinste dämlich, während Stella neben mir derart säuerlich in die Kamera blickte, dass man meinen konnte, dieser Moment wäre ihr unangenehm. Kurz zuvor hatten wir uns eine Portion Garnelen geteilt, als ich den schmächtigen Typen in seiner grünen Barbourjacke sah und ihn bat, ein Foto von uns zu machen. Eine Woche danach trennte sich Stella von mir. Als ich sie nach ihren Beweggründen fragte, beschränkte sie sich auf den Satz »Es gibt einen anderen«. Damit war alles gesagt. Trotzdem traf mich das Ende unserer Beziehung wie ein Schlag ins Gesicht, auf den ich nicht vorbereitet war. Heute glaube ich, dass es noch nicht einmal daran lag, dass sie Schluss machte, sondern vielmehr daran, dass ich völlig ahnungslos gewesen war. In den Monaten davor hatte ich nicht einmal ansatzweise gemerkt, dass sie unzufrieden war. Es gab keinerlei Anzeichen dafür, dass sie fremdging oder unglücklich war. Umso schockierter war ich, als sie mich vor vollendete Tatsachen stellte. Ich hatte wochenlang an der Enttäuschung zu knabbern. Ein paar Monate später traf ich sie dann zufällig in der Innenstadt. Sie schob einen Kinderwagen, und es entstand einer dieser peinlichen Dialoge, die man nur führen konnte, wenn man eine gemeinsame Zeit zusammen verbracht hatte und es unschön auseinander gegangen war. Wir redeten über das Wetter und die Arbeit. Das war der unangenehmste Teil einer Trennung: Wenn man sich zufällig irgendwo traf und ein Gespräch zwischen Wehmut und Heuchelei entstand. Als ich an diesem Tag nach Hause kam, rechnete ich anhand meines Schreibtischkalenders den Tag zurück, an dem das Baby gezeugt worden sein musste. Als wir vor GOSCH standen, war Stella in der fünften Schwangerschaftswoche gewesen. Vielleicht sollte ich das Bild wirklich löschen.

»Lessmann, in mein Büro!« Ich rief mein E-Mail-Programm auf den Schirm, damit niemand die Demütigung auf der Benutzeroberfläche sehen konnte, und schlenderte in das Büro meines Chefs. Sein Name war Peter Konstantin Blum. Aber alle nannten ihn Blum. Das war in dieser Firma eine Eigenheit. Obwohl sich alle bestens verstanden und auch abseits der Arbeit ihre Freundschaften pflegten, war es zu einem Running Gag geworden, sich zu siezen. Man redete sich mit dem Nachnamen an und wahrte so eine ganz eigene Form der Höflichkeit. Auf neue Mitarbeiter wirkte das zunächst verstörend. Die meisten gewöhnten sich aber schnell daran.

»Morgen, Blum, was gibt's?«

»Setzen Sie sich, Lessmann. Wir haben ein paar Dinge zu besprechen.«

»Klingt ja ziemlich ernst.« Ich zog einen Stuhl heran und setzte mich Blum gegenüber. Er trug seine grüne Krawatte, was nichts Gutes bedeuten konnte. Das war den Damen in unserer Abteilung aufgefallen. Immer wenn Blum schlechte Laune hatte, hing ihm dieser Schlips um den Hals. Ich weiß nicht, ob er das mit Absicht tat oder unbewusst. Normalerweise gingen wir ihm an solchen Tagen aus dem Weg. Aber nun saß ich in der Falle. Wie hätte das ausgesehen, wenn ich beim Blick auf seinen Binder Hals über Kopf aus dem Büro gestürmt wäre? Ich versuchte, die Situation aufzulockern.

»Geht es etwa immer noch um den Schweinemettskandal? Hat man die übrigen Säue mittlerweile befragt?« Mein Witz prallte an Blums finsterer Miene ab wie ein Tennisball an einer Betonwand. Bei diesem Thema verstand er keinen Spaß, denn weder die Polizei mit ihrem amateurhaften Vorgehen noch wir mit unseren zu früh verkündeten Schlagzeilen hatten bei dieser Sache eine gute Figur abgegeben. Es war sogar so weit gegangen, dass sich die Landesregierung einschalten musste. Erst dann glätteten sich die Wogen wieder.

Ich lehnte mich zurück und hörte mir an, was er zu sagen hatte. »Ich habe eine gute und eine schlechte Nachricht für Sie.« Er zog eine Schachtel Zigaretten aus der Schublade heraus und zündete sich eine an. Nur er durfte das, nur in diesem Zimmer. Im restlichen Gebäude herrschte Rauchverbot. Weil Blum kurz nach seiner Beförderung mit dem Antrag gescheitert war, die Rauchmelder in seinem Büro entfernen zu lassen, hatte er sie mit Panzertape abgeklebt. Von da an sah man ihn selten ohne Kippe im Mund in seinem Chefsessel sitzen. An manchen Tagen betrat man das Büro und redete mit einer grauen Dunstwolke, weil Blum von den Rauchschwaden verschlungen wurde. Er öffnete selten ein Fenster.

»Die gute bitte zuerst.« Das war eine Macke von mir, man könnte fast meinen, eine Neurose. Da es gemeinhin hieß, man solle zuerst die schlechte Nachricht wählen, entschied ich mich prinzipiell immer für die gute.

Blum schien meine Antwort nicht zu überraschen. Er rutschte in seinem Stuhl nach vorn und legte seine behaarten Arme auf die Tischplatte. Den Zigarettenrauch blies er in meine Richtung. »Okay. Also zuerst die gute Nachricht. Ich habe mir Ihre Leseprobe zu Gemüte geführt. Die Idee ist gut.«

»Danke schön. Vielleicht reiche ich es direkt beim Theater ein.«

»Ich war noch nicht fertig.« Er aschte ab und hustete. Als er wieder zur Ruhe gekommen war, redete er weiter. »Die Umsetzung ist Müll. Und wenn ich sage, Müll, dann meine ich Müll. Die Leute reden, als seien sie Roboter. Verflucht, Lessmann, die Dialoge lesen sich so leblos wie ein Topf Buchstabensuppe. So redet doch niemand. Ich hätte wirklich mehr erwartet.«

»Ich weiß, dass es noch nicht perfekt ist. Es ist ja auch nur die erste Rohfassung. Sicher muss ich hier und da noch ein paar Sachen überarbeiten. Aber es freut mich, wenn es Ihnen grundsätzlich gefallen hat.«

Blums Telefon klingelte. Er sah aufs Display und ließ es weiterklingeln. »Haben Sie mir überhaupt zugehört? Wissen Sie, das ist Ihr Problem. Sie hören nur, was Sie hören wollen. Ihre Leseprobe taugt nichts! Soll ich Ihnen das schriftlich geben? Nur weil Sie ein passabler Journalist sind, macht Sie das nicht automatisch zu einem guten Schriftsteller. - Und Herrgott, wann gibt der Typ endlich auf, dieses Telefon macht mich heute noch fertig.«

Die Aggressivität, mit der die Worte aus seinem Mund kamen, war neu für mich. Speicheltropfen schossen mir entgegen. Sein Kopf färbte sich paprikarot. Ich hörte gar nicht mehr hin, während er weiter auf mich einredete, sondern war mit den Gedanken bei meinem Theaterstück. Mir war klar, dass es nicht perfekt war. Aber ich wähnte mich auf dem richtigen Weg, zumindest bei der Leseprobe. Die ersten zwanzig Seiten hatte ich bestimmt fünfmal korrigiert. Meiner Meinung nach waren die Dialoge gut.

»Da fehlt der Pep, das Temperament«, hörte ich Blum sagen. Ich dachte an meinen alten Herrn, der mir genau diesen Weg prophezeit hatte. »Wieso denkst du, du hättest etwas zu erzählen? Du bist kein Schriftsteller und wirst nie einer werden.« Er führte in dritter Generation ein Fachgeschäft für Elektroartikel. Jeder aus der Region bestellte seine Sachen bei ihm. Mein Vater war der König der Branche und ich sollte sein Kronprinz sein. *Lessmann-Elektronik* war das Aushängeschild unserer Familie. Doch ich entschied mich anders. Der Job als Journalist war meiner Meinung nach prädestiniert dafür, einen guten Schreiber aus mir zu machen. Über Monate hatte es zwischen meinen Eltern und mir quälende Diskussionen am Esstisch gegeben, an deren Ende ich meinen Willen durchgesetzt hatte. Ich hatte mir eine Wohnung genommen und war meinen eigenen Weg gegangen. Allerdings gaben mir sowohl mein Vater als auch meine Mutter bei jedem Besuch das Gefühl, sie zutiefst enttäuscht zu haben. Gerade deshalb musste ich einfach erfolgreich sein! Ich würde es mir nie verzeihen, wenn ich sie unglücklich machte, schon gar nicht wegen eines Traums, der sich als Chimäre entpuppte. Ich war so in Gedanken versunken, dass ich gar nicht merkte, wie mir Blum einen Bogen Papier zuschob. Erst als er mit den Fingern vor meinem Gesicht schnippte, kehrte ich wieder in die Gegenwart zurück.

»Verdammt, Lessmann, hören Sie mir überhaupt zu?«

Ich nickte. Da war ja noch die andere Nachricht. Mein Gott, dachte ich, war die gute denn nicht schon schlecht genug gewesen?

»Ich frage Sie das jetzt genau ein Mal. Können Sie mir das erklären?« Blum stieß seinen Zeigefinger auf das Blatt, das er mir gerade zugeschoben hatte.

Ich drehte das Blatt zu mir um und warf einen neugierigen Blick darauf. Plötzlich spürte ich einen Krampf in Armen und Beinen. Übelkeit machte sich in mir breit. Blums Augen fixierten mich. In meinen Händen hielt ich den Ausdruck eines Fotos. Darauf war ich zu sehen. Ich hielt eine Spraydose in der Hand. An der Hauswand hinter mir stand »FCK NNZ«. Ich legte das Blatt zurück auf den Tisch und traute mich nicht, Blums Blick zu erwidern.

»Ich erwarte eine Antwort. Was soll der Scheiß? Halten Sie sich für witzig? Oder denken Sie wirklich, Sie wären einer dieser besonders talentierten Typen, die meinen, sich alles erlauben zu können?«

Egal, was ich gesagt hätte, es wäre sinnlos gewesen. Zumal mir auf die Schnelle auch gar keine Ausrede einfiel. Und die Wahrheit klang selbst für mich unglaubwürdig. Mein Nachbar hatte mich von seinem Fenster aus fotografiert, und das vermeintliche Fußballverein-Graffito war offensichtlich doch keines. Das Kind war in den Brunnen gefallen und es bestand nicht die geringste Chance auf eine Rettung. »Es tut mir leid, ich kann das nicht erklären«, antwortete ich und musste dabei um jede Silbe ringen.

»Ach, das können Sie nicht? Nun, vielleicht kann ich es Ihnen grob skizzieren. Sie halten sich für einen Wunderknaben, Lessmann. Mit solchen wie Ihnen hatte ich früher schon zu tun. Die meinen, sie seien die neuen Sterne am Himmel und ihr Talent sei bislang nur noch nicht erkannt worden. Aber soll ich Ihnen was sagen? Sie sind ein Träumer! Wer mit achtunddreißig noch keinen großen Roman geschrieben hat, wird auch kein großer Schriftsteller mehr. Und wer deshalb meint, er müsse rebellieren, der hat in dieser Firma auch nichts verloren. Sie sind gefeuert! Und jetzt gehen Sie mir aus den Augen.«

Als freier Mitarbeiter konnte ich noch nicht einmal dagegen klagen. Wie in Trance erhob ich mich von meinem Stuhl. Ich streckte Blum die Hand entgegen, um mich zu verabschieden, was er als Beleidigung auffasste. Er machte eine abfällige Geste. »Sofort raus hier«, zischte er.

»Ich werde ein großes Stück schreiben«, stotterte ich, »und man wird es in Berlin aufführen.« Dann drehte ich mich um und ging.

Bevor die Tür hinter mir ins Schloss fiel, rief mir Blum lachend hinterher: »Ich hoffe, ich bekomme Karten für die Premiere!«

3

Meine Hände zitterten. Ich steckte mir eine Zigarette an und setzte mich auf eine Bank, außerhalb des Sichtfeldes der Redaktion. Mein Daumen zupfte nervös am Filter der Marlboro Gold. Menschen liefen vorbei und ahnten nicht, was sich gerade in diesem Typen abspielte, der verloren auf seiner Parkbank saß. Wieder kam mir mein Vater in den Sinn, der im Jahr zuvor die Firma verkauft hatte, weil sein Sohn sich zu fein dafür war, den Familienbetrieb weiterzuführen. Es muss ein Schlag ins Gesicht für ihn gewesen sein, als ich ihm sagte, dass meine Pläne andere waren.

Ich wurde wütend. Wütend auf meine Umgebung, wütend auf mich selbst. Was ist das für eine Welt, in der man einem anderen vorzuschreiben versuchte, welchen Weg er nehmen sollte und welche Meinung die richtige war? Was ist das für eine Welt, in der einem ein schlechtes Gewissen gemacht wurde, wenn man sich anders entschied? Ein freies Land bedeutete nicht gleichzeitig ein selbstbestimmtes Leben. Ich bekam einen Hass auf alles und jeden. »Vielleicht eine Bombe?« schoss es mir durch den Kopf. Vielleicht einfach mal ein Zeichen setzen? Also wieso nicht eine Bombe bauen und damit irgendwo reinmarschieren? In eine Bank vielleicht. Oder eine Tankstelle. Oder die Zentrale der *Neuen Neunbrückener Zeitung*. Und dabei ein Dutzend Gestalten mit ins Nirwana reißen. Am besten solche Möchtegern-Typen, die sich und anderen ihre ach so überlegene Lebensart vorgaukelten und dabei ein genauso trostloses Dasein fristeten wie alle anderen auch. Die Hemden aus Oxford-Baumwolle von Lacoste trugen, weil sie sich damit akzeptiert fühlten, und ihre Narben mit Bi-Oil kaschierten. Solche, die einen auf Kosmopolit machten, aber jeden Abend an ihrer Kochinsel standen und Backfisch von Aldi zubereiteten, des mediterranen Feelings wegen. Die aus Egogründen Mini-Mes in die Welt setzten und nachts von einem Haus an der Côte d'Azur träumten, aber schweißgebadet in Bielefeld aufwachten, mit einem sechsstelligen Schuldenberg auf der Bank. Und die sich dann nichts gönnten, weil es die deutsche Gründlichkeit verlangte, dass man erst seine Kredite tilgte, bevor man lebte. Bevor man starb. Oder westeuropäische Lebemänner in feinen Anzügen mit Geld wie Heu. Scheffelten die Kohle, während anderswo Existenzen kollabierten. Die müsste man alle erwischen, dachte ich, wie ich so dasaß und die Sonne vor mir auf den Kiesweg schien. In diesem Augenblick erschrak ich vor mir selbst. Ich schüttelte mich in der Hoffnung, dass die Gedanken verflogen.

Da lief eine Frau an mir vorbei. Für einen Spaziergang ging sie zu schnell, für einen dringenden Termin zu langsam. High Heels gehörten nicht zu ihrem Standardschuhwerk, was offensichtlich war, weil ihr linker Fuß immer wieder einknickte. Das beigefarbene Kleid war unvorteilhaft geschnitten, es betonte die Problemzonen an den Hüften. Ich stellte mir die Verkäuferin vor, die ihr den Stofffetzen aufgeschwatzt hatte, wohl wissend, dass sie darin fürchterlich aussah. Nun wackelte sie durch die Gegend und bekam mehr belustigte Blicke hinterhergeworfen als anerkennende. Und doch ließ sie sich nicht von ihrem Weg abbringen. Sie trug, was ihr gefiel. Egal, was andere über sie dachten. Diese Frau glaubte offenkundig an sich und ihren Wert. Sie blendete alles um sich herum aus, und auch wenn es an einigen Stellen hakte, so ging eine große Selbstzufriedenheit von ihr aus. Ich sah ihr so lange nach, bis sie im Schutz der Bäume aus meinem Sichtfeld verschwand. Meine Zigarette war durch den Wind verglüht. Ich schnippte sie auf den Boden und stand auf. Jeder Knochen in meinem Körper schien sich gegen mich zu stemmen. Ich lief bis ans Ende der Grünanlage. Dort stand ein Taxi. Ich bat den Fahrer, mich ins Zentrum zu fahren.

Am Rückspiegel hing ein Wunderbaum, der den Duft von Piña Colada verströmte. Außerdem hing da noch eine Maske, wie man sie vor Jahren während der Pandemie getragen hatte. Den hinter uns fahrenden Autos nickte ein Wackeldackel zu. Der Taxifahrer, der sich mir als Bernd vorstellte, erzählte von seinem Sohn, einem Taugenichts, der die Schule schwänzte und stattdessen mit Freunden auf dem Spielplatz herumlungerte und Bier trank. »Ich weiß nicht, was aus der Jugend noch werden soll«, sagte er, während er den Blinker setzte und ohne Schulterblick rechts abbog. Ein Radfahrer konnte gerade noch rechtzeitig bremsen. Bernd redete unbeirrt weiter. »Aber die ganze Welt spielt ja verrückt. Afghanistan, sag ich da nur. Der Wahnsinn.« Ein fahrender Nahostexperte, dachte ich, so einer hatte mir gerade noch gefehlt. »Diese Gesellschaft ist doch der letzte Rotz. Und die Regierung ein Haufen Bekloppter. Hier, das Ding!« Er schnippte gegen den Mund-Nase-Schutz. »Den ganzen Tag musste ich damals dieses Scheißding aufhocken. Da fragte keine Sau danach, wie es damit klappte. Und wenn mein Gehirn zu wenig Sauerstoff bekam und ich eine Rentnerin deswegen umnietete, war ich der Gelackmeierte. Die haben doch keine Ahnung da oben, diese Sesselfurzer.« Er beobachtete mich im Rückspiegel und wartete auf meine Reaktion. Ich sah seine Augen, kleine, angriffslustige Schlitze, die in meine Richtung blickten.

»Wieso wurden die Obergrenzen damals eigentlich gerissen?«, fragte ich.

Das schien ihn für einen Moment aus dem Konzept zu bringen. Irritiert schüttelte er den Kopf. »Was? Wie meinst du das?«

»Damals bei dieser Viruspandemie war immer die Rede von gerissenen Obergrenzen. Ich meine, was ist das für ein Ausdruck? Wieso ›gerissen‹? Wieso nicht ›überschritten‹ oder so?«

Sein Blick wechselte nervös zwischen der Fahrbahn und dem Rückspiegel hin und her. »Keine Ahnung. Darüber habe ich noch nie nachgedacht.«

Wir erreichten das Stadtzentrum. Ich stieg aus und gab Bernd fünf Euro mehr, als er verlangte, damit sich sein Blutdruck wieder normalisierte. Er hielt es für unnötig, sich zu bedanken. Stattdessen hupte er und fuhr los. Dabei rammte er beinahe einen Fiat.

Auf dem Marktplatz tummelten sich um diese Zeit nur wenige Menschen. Eine Gruppe Punks hielt den Springbrunnen besetzt. Laute Musik lief. Einer von ihnen, er trug einen grünen Irokesenschnitt, rief »Oi!« und streckte seine Bierflasche in die Höhe. Rentnerehepaare flanierten durch die Gassen. Typische Kaffeefahrer, dachte ich, die auf eines dieser unsäglichen Angebote hereingefallen waren und nun durch Neunbrücken streiften. Wahrscheinlich war die Tour unter der Überschrift »Idyllische Kleinstadt mit mediterranem Charme« in einem Prospekt angepriesen worden, und erst beim Aussteigen aus dem Bus wurde den Ruheständlern klar, dass sie im Hotspot der Langeweile gestrandet waren. Was es aber hier zu sehen gab, war eine absurde Anzahl an Imbissbuden. *Petra's*

Würstchenstand, Plus-Size-Döner oder *Sunhill-Burger* - um nur ein paar Beispiele zu nennen. Ein klassischer Touristenort sah anders aus. Allerdings lag Neunbrücken bei der Zahl der Existenzgründungen im oberen Drittel der Region. Das war mir ein Rätsel. Schließlich hatte ich das mahnende Beispiel mein Leben lang vor der Nase gehabt. Mein Vater arbeitete sich krumm und bucklig, und doch lebten wir alles andere als in Saus und Braus. Verstehen Sie mich nicht falsch, uns ging es gut, keine Frage. Geldsorgen hatten wir nie. Aber das Verhältnis von Aufwand und Ertrag überzeugte mich von Anfang an nicht. Als ich dann älter wurde, begriff ich, dass es diese Stadt wie keine andere verstand, ihre Bürger zum Träumen einzuladen. Irgendwie schaffte sie es, den Leuten vorzugaukeln, man könne hier leichter ein Unternehmen aufbauen als anderswo. Das war eine Lüge. Vom Tellerwäscher zum Millionär wurde hier nur, wessen Teller aus Gold waren.

Ich schlurfte quer über den Platz. Mein Ziel befand sich in einer Seitenstraße und hörte auf den Namen *Kristall-Rainer*, eine kleine Kneipe, die vor einigen Jahren als Hommage an den Film *Herr Lehmann* eröffnet wurde. Der Besitzer hieß Rainer und fand das irre komisch. Ich war bis dato vielleicht fünfmal drin gewesen, meistens in den frühen Morgenstunden nach einer durchzechten Nacht. Denn das *Kristall-Rainer* hatte rund um die Uhr geöffnet. Egal, wann man die

Kneipe betrat, es hockten immer drei bis vier verlorene Seelen an der Bar. Abgedunkelte Fenster sorgten dafür, dass die Räumlichkeiten immer in ein düsteres Licht getaucht waren, selbst am helllichten Tag. Von außen wirkte das Haus mit der Nummer dreizehn wie einer dieser Lost Places. Im ersten Stock waren die Scheiben eingeschlagen. Die Fassade bröckelte an den meisten Stellen und den Fensterrahmen aus Holz hätte ein frischer Anstrich gut zu Gesicht gestanden.

Ich war vielleicht noch zehn Schritte von der Eingangstür entfernt, als ich eine Stimme hinter mir meinen Namen rufen hörte. »Lessmann? Leif Lessmann?« Ich drehte mich um und sah in die Augen eines aalglatten Businesstypen. Einer von der Sorte, die schon hundert Meter gegen den Wind nach Hugo Boss riechen. Er trug einen schwarzen Nadelstreifenanzug und erinnerte mich auf den ersten Blick an Patrick Bateman aus *American Psycho*. »Ich glaub's ja nicht. Du bist es wirklich.« Meinem fragenden Blick entnahm er, dass ich keine Ahnung hatte, wer er war, weshalb er sich mit »Paul aus der Parallelklasse« vorstellte.

»Sagt mir was«, erwiderte ich und machte dabei einen Schritt nach vorn. Das sollte ihm eigentlich zeigen, dass ich in Eile war.

Er kam näher. Sein Atem roch nach Minze, als hätte er gerade erst Zähne geputzt oder eine Mundspülung gemacht. »Weißt du nicht mehr, damals in der

Pause auf dem Schulklo? Ihr wart zu dritt und wir zu fünft. Das Büchsenbier und der rettende Sprung durchs Fenster?«

Da machte es klick. »Oh ja. Ich erinnere mich. Du hattest damals aber hellere Haare, oder?«

Er lachte. Es klang wie Salven aus einem Maschinengewehr. »Tja, mein Freund, die Zeit rennt auch an mir nicht spurlos vorbei. Musste etwas nachfärben. Was machst du hier? Kann ich dich ein Stück begleiten?«

Hilfesuchend sah ich zur Hausnummer dreizehn hinüber. Die Tür stand einen Spalt offen. Ich dachte daran, loszurennen und in die Kneipe zu hechten, dabei irgendwas zu brüllen wie »Schnell, macht die Tür hinter mir zu, die Bullen!« oder so ähnlich. Aber das wäre zu theatralisch gewesen. »Ich will nur ein Bier trinken gehen«, sagte ich stattdessen.

Paul sah auf seine Armbanduhr, die viel zu groß für sein dünnes Handgelenk war. »Ziemlich früh. Aber was soll's, kann ich mitkommen?«

»Klar, warum nicht?« Ich weiß bis heute nicht, wieso ich mich darauf einließ. Der Tag hätte ohne weitere Aufregung zu Ende gehen können. Ich wäre nach dem zehnten Bier mit dem Taxi nach Hause gefahren, in der Hoffnung, dass der Fahrer nicht Bernd hieß. Dort hätte ich einen Film eingelegt, bei dem ich schon während des Vorspanns eingeschlafen wäre. Stattdessen betrat ich die Kneipe in Begleitung eines Typen, von dem ich nicht mehr genau wusste, ob er mir damals sympathisch gewesen war oder nicht.

Paul und ich setzten uns hinten links in die Ecke. Hinterm Tresen stand Rainer, der Gläser abtrocknete und dabei in einen kleinen Fernseher sah, der neben ihm stand. An der Bar saßen zwei Typen. Einer von ihnen hing auf halb acht. Der andere rauchte und nippte alle zehn Sekunden an seinem Bier. Kein Wunder, dachte ich, dass man hier die Zeit vergaß. Das Ambiente ließ keine Rückschlüsse darauf zu, wie spät es gerade war. Weil die Fenster so gut wie keine Sonnenstrahlen ins Innere des Raums ließen, war ständig das Licht eingeschaltet. Die Lampenschirme, die früher einmal weiß gewesen waren, nun aber einen gelblichen Farbton hatten, passten zur düsteren Stimmung. Unter den Lichtquellen sammelte sich der Rauch resignierter Lucky Strikes. Es gab keinen Zigarettenautomaten in der Kneipe. Wenn man rauchen wollte, bekam man die Schachtel direkt von Rainer. Und da gab es nur diese eine Sorte. Die rustikalen Stühle und Tische waren aus dunklem Holz. Auf den Tischen standen je ein Aschenbecher und eine Kerze. Die auf unserem Tisch war zur Hälfte abgebrannt. Auch hier merkte ich wieder, wie teilnahmslos die Neunbrückener waren. Überall sonst hätte Paul in seiner Aufmachung die Blicke auf sich gezogen, wenn er ein derart schäbiges Lokal betreten hätte. Hier allerdings schien es das Normalste auf der

Welt zu sein. Keiner der Gäste interessierte sich für uns. Dabei wirkte Paul mit seinen feinen Klamotten in der maroden Umgebung wie ein Rotweinfleck auf einer weißen Tischdecke. Per Handzeichen bestellten wir zwei Helle.

»Also, erzähl, was treibst du so?« Ich wartete mit meiner Antwort, bis Rainer kam und die Gläser auf unserem Tisch abstellte. Aus seinem Mund kam Genuschel, dass wie »zum Wohl« klang, aber auch eine Beleidigung hätte sein können. Ich nahm einen großen Schluck. Paul staunte: »Da hat aber jemand einen ordentlichen Zug drauf. Ich würde ja sagen, du hast den ganzen Tag noch nichts getrunken, aber es ist ja noch früh am Morgen.«

»Elf Uhr ist kein früher Morgen mehr.«

»Na ja, Ansichtssache. Bist du eigentlich nie hier weggekommen?«

»Korrekt.« Ich nahm den nächsten Hub, der mein Glas über die Hälfte leerte.

»Hm. Bist du immer so? Der Lessmann, den ich kannte, war besser drauf. Was arbeitest du? Du wolltest doch immer schreiben, oder verwechsle ich das gerade?«

Daraufhin trank ich mein Bier aus und signalisierte Rainer, dass er mir noch eins einschenken sollte. Unbeeindruckt schnappte er sich ein Glas aus dem Regal und begann zu zapfen. »Seit ungefähr einer Stunde arbeite ich gar nichts mehr. Aber vorher war ich Journalist.«

»Verstehe. Und wie geht's jetzt weiter?«

Weil er mich mit quälenden Fragen nach dem Warum in Ruhe ließ, empfand ich beinahe Sympathie. »Ich weiß es noch nicht. Erstmal will ich diesen Tag rumkriegen. Und das sehr gerne hier drin, mit Unmengen an Alkohol.«

Paul lachte wieder dieses Maschinengewehrlachen. »Guter Plan. Lass mich dir Gesellschaft leisten, und heute Abend begleitest du mich auf eine Party.«

»Party? Sehe ich aus wie einer, der heute frohlockend auf eine Party gehen will? Ich will mich einfach nur in Ruhe betrinken.« Die Aussage hielt ich für eindeutig. Aber sie schien Paul nur noch mehr anzustacheln. Rainer trat an unseren Tisch und stauchte mein Getränk auf die Tischplatte. Es schwappte über. Der Bierdeckel weichte auf.

Paul steckte sich eine Zigarette an und schob die Schachtel über den Tisch in meine Richtung. Ich nahm eine heraus, steckte sie mir in den Mund und hielt sie über die Flamme, die aus seinem Feuerzeug kam. Nach dem ersten Zug las ich auf dem Filter den Namen der Tabakmarke und dachte, dass alles außer Marlboro Gold fürchterlich schmeckte. Paul lockerte den Knoten seiner Krawatte. Er zog seine Anzugjacke aus und hängte sie über den Stuhl. Danach knöpfte er seine Manschetten auf und schlug die Ärmel dreimal um. Er richtete sich bequem ein und nahm dann den ersten

Schluck von seinem Bier. »Ich denke, das würde dir guttun. Hast du Frau und Kind? Oder eine Freundin?«

»Nein, nicht mehr. Also keine Freundin mehr. Und Kinder? Keine Ahnung. Vermutlich nicht.«

Wieder das Lachen. »Langsam taut er auf, der Herr Lessmann. Sehr gut.« Er zwinkerte mir zu und leerte sein Glas. »Also, ich schick dir die Adresse und du kommst gegen acht dorthin, ja? Wir treffen uns vor dem Haus und gehen dann zusammen rein.«

Ich sagte weder zu noch ab. Ich sagte gar nichts, sondern rauchte stumm in Richtung Decke. Wir tauschten Handynummern. Die nächsten Stunden wurden angenehmer. Mit jedem Bier spürte ich die Enttäuschung mehr von meiner Seele abperlen. Wer behauptet, Alkohol löst keine Probleme, mag recht haben. Aber der Rausch mildert die Symptome. Paul erzählte mir aus seinem Leben, ich weiß nicht, ob ich das noch alles richtig zusammenbekomme. Er war wohl Vertreter für Kosmetikprodukte oder so. Nach Neunbrücken war er nur wegen dieser ominösen Party gekommen. Eigentlich war er auf der Durchreise. Er wollte es auf der Feier krachen lassen und am nächsten Tag nach Berlin fahren. Dort wollte er einen Tag bleiben und anschließend seine Reise fortsetzen, die ihn nach Hamburg führen sollte. Frau und Kind gab es nicht, und als ich ihn nach einer Freundin fragte, zwinkerte er mir zu und tat so, als könne er sich vor Frauen kaum retten.

Ich schätze, wir tranken um die sieben Bier. Also, jeder von uns. Irgendwann verschwammen die Bilder und mit ihnen das Gespräch. Als wir die Kneipe verließen, war es immer noch hell. Eine Schulklasse lief über den Marktplatz. Kleine Kinder, vielleicht zweite Klasse oder so, deren Schultaschen viel zu groß für ihre schmalen Schultern waren. Die Lehrerin sah in unsere Richtung. Sie schnappte empört nach Luft und befahl den Kleinen, schneller zu laufen. Die Sonne blendete mich.

Gegen achtzehn Uhr wachte ich auf meinem Sofa auf und wusste nicht, ob alles nur ein wirrer Traum gewesen war. Zur Kontrolle schaute ich in die Kontaktliste meines Handys. Tatsächlich stand dort Pauls Name. Mit Kopfschmerzen und einem fauligen Geschmack im Mund sprang ich unter die Dusche. Das Wasser war heiß und ich malte zu meiner eigenen Belustigung einen gigantischen Penis an die vom Dampf beschlagene Duschkabine.

Um halb acht bekam ich eine Nachricht von Paul. Es war eine SMS, was mir ein Schmunzeln abrang. In einer Zeit, in der jeder nur WhatsApp oder ähnliche Messengerdienste benutzte, schien er die konventionelle Art der Textnachricht zu favorisieren.

Wir treffen uns in einer halben Stunde dort: Sal-Paradise-Straße 7 PS: Ich habe eine Wegration dabei. Grüße P.

Was war das bitte für ein Straßenname? Ich dachte an einen Scherz und öffnete Google Maps. Dort gab ich die Adresse ein. Zu meiner Verwunderung lag sie tatsächlich in Neunbrücken. Allerdings in einem anderen Teil der Stadt. Wenn ich pünktlich ankommen wollte, musste ich mir ein Taxi nehmen.

Ich zog mir frische Klamotten über, richtete meine Frisur, zumindest das, was noch zu retten war, und sprühte mich mit Deo ein. Ich rief mir ein Taxi. Die Fahrerin hieß Berta. Das sagte sie gleich, nachdem ich eingestiegen war. Danach redete sie kein Wort mehr. Das empfand ich als sehr wohltuend. Am Rückspiegel baumelte ein Totenkopf-Anhänger.

Ein paar Minuten zu spät erreichte ich den Treffpunkt. Von Paul war nichts zu sehen. Die Gegend erinnerte mich an heruntergekommene Stadtviertel, wie ich sie aus Filmen kannte. Einige der Fenster des gegenüberliegenden Hauses waren eingeschlagen. In den restlichen standen auf makabre Weise Grünpflanzen hinter den Scheiben. Auf dem Gehweg war mit Kreide ein Strichmännchen gemalt, daneben eine Sonne. Zwischen zwei Häusern türmten sich gelbe Müllsäcke. Von ihnen ging der stechende Geruch aus, der in der Luft hing. Es wunderte mich nicht, dass ich hier noch nie gewesen war. Überhaupt war mir dieser Teil der Stadt nahezu unbekannt, was wohl nicht gerade für meine Qualität als Lokalreporter sprach. Immerhin regnete es nicht. Plötzlich sprang Paul aus einer Gasse hervor und rief: »Ha! Da ist er ja!« Er kam gut gelaunt auf mich zugelaufen. Im Gegensatz zu meinem verkaterten Zustand schien er topfit zu sein. Sofort dachte ich an Aufputschmittel. In seiner linken Hand schwenkte er ein Fläschchen. »Ich dachte schon, du ziehst den Schwanz ein. Junge, was ich vorhin noch erlebt habe, der Wahnsinn. Was hast du noch getrieben, nach unserem Frühschoppen?« Er redete unglaublich schnell. Hatte er das mittags auch schon getan? Ich war mir nicht sicher.

»Nichts weiter«, antwortete ich. Ihm zu sagen, dass ich völlig fertig auf dem Sofa zusammengeklappt war, wäre mehr als peinlich gewesen, also lenkte ich das Gespräch zügig in eine andere Richtung. »Wollen wir rein?«

»Moment, nicht so schnell. Nimm erst mal einen Schluck.« Im Gegensatz zum Vormittag sah Paul diesmal nicht wie ein Businessman aus. Seine Kleidung war leger, also weder geschniegelt noch wüst, sondern auf stilvolle Weise lässig. Zu einer grauen Jeans trug er eine blaue Jeansjacke und darunter einen schwarzen Rollkragenpullover. Er reichte mir die kleine Flasche. Ich sah, dass das Etikett abgerissen war. Paul bemerkte meinen skeptischen Blick und sagte: »Was da draufstand, passt sowieso nicht mehr.« Dabei zog er eine Schachtel Kippen aus seiner Jackentasche. Ich drehte den Verschluss auf. Der Inhalt roch süßlich. Das enttäuschte mich, weil ich ehrlich gesagt Stärkeres erwartet hatte. Es schmeckte fruchtig und frisch und keineswegs nach Alkohol. Eher wie Saft. »Gut, oder? Altes Familienrezept. Mein Vater lagert das Zeug literweise im Keller. Die hier ist drei Jahre alt. Ein feiner Stoff. Aber die Wirkung tritt erst später ein.« Ich nahm noch einen Schluck und reichte ihm die Flasche. Paul trank ebenfalls noch einmal, bevor die Pulle in der Innentasche seiner Jacke verschwand. »Dann mal los«, sagte er. Ich trabte hinter ihm her und es gefiel mir, weil es mich an meine Jugend erinnerte. Ich war nie einer gewesen, der voran ging. Innerhalb meines Freundeskreises war ich nur einer von vielen und lief den Leuten hinterher, die mich inspirierten und von denen ich dachte, sie wären eine Art Vorbild. Wir gingen zur Hausnummer fünfzehn. Paul zog die Flasche wieder hervor und sagte: »Los, die nehmen wir nicht mit rein. Die muss weg.«

»Du verarschst mich doch. Dafür brauchten wir eine Wegration? Für zehn Meter? Und überhaupt, wieso haben wir uns nicht gleich hier getroffen?«

»Weil wir dann keinen Wegeschnaps gebraucht hätten. Das wäre völlig sinnlos gewesen. Also komm jetzt, die Feier ist bestimmt schon in vollem Gange.« Er schraubte den Verschluss ab und warf ihn auf die Straße. Dann setzte er an, und ich beobachtete, wie die Flüssigkeit Wellen schlug und sich dabei den Weg in seinen Rachen bahnte. Danach war ich wieder an der

Reihe. Ich setzte an und tat es Paul gleich. Das Ganze ging ein weiteres Mal hin und her, bevor das Leergut in einem zugewucherten Vorgarten landete. »Auf geht's«, sagte er, drehte sich um und lief zur Haustür. »Moment, eine Sache noch, bevor wir reingehen.«

»Was denn noch? Hast du etwa noch mehr Hochprozentiges dabei?«

»Nein. Ich wollte dir nur sagen, wie gut ich es finde, dass du morgen nach Berlin mitkommst.«

»Morgen? Nach Berlin?«

»Mensch, Lessmann. Was ist denn los mit dir?« Er klopfte mit dem Mittelfinger seiner rechten Hand gegen meine Stirn. »Weißt du nicht mehr, worüber wir heute Mittag gesprochen haben?«

Ich tappte im Dunkeln und schüttelte den Kopf.

»Jetzt verarschst du mich aber, oder? Mein Kumpel, der Regisseur? Klingelt da was?«

Bei mir klingelte rein gar nichts. »Sorry, ich habe wohl einen leichten Blackout«, sagte ich.

»Wir haben darüber gesprochen, dass wir ihm dein Theaterstück zeigen wollen. Er ist immer offen für Neues. Du warst doch Feuer und Flamme, Herrgott.«

Ich konnte mich nicht daran erinnern, mit Paul darüber gesprochen zu haben. Das musste irgendwann zwischen dem vierten und sechsten Bier passiert sein. »Ich weiß gar nicht, was ich sagen soll. Na klar komme ich mit.«

Paul grinste. »Ja, das hast du schon gesagt. Dull weiß auch schon Bescheid. Aber bedank dich später bei mir. Vielleicht brauche ich eines Tages auch einmal deine Hilfe.« Er drückte auf den einzigen Knopf an der Klingel, neben der kein Name stand. Zehn Sekunden später schnappte die Haustür auf und wir traten hinein.

Im Flur lehnte rechts an der Wand ein Fahrrad, dem das Vorderrad fehlte. Die Holztreppe knarrte unter unseren Füßen, als wir in den ersten Stock gingen. An den Wänden war die Farbe abgeblättert, und allmählich drängte sich mir der Verdacht auf, dass diese Party von Hausbesetzern organisiert wurde. In dieser Bruchbude konnte unmöglich jemand mit Mietvertrag leben. Paul schlug dreimal rhythmisch an die Tür, was wie ein Klopfzeichen klang, im Endeffekt aber nur seiner übertrieben guten Laune geschuldet war. Bestimmt war er auf Koks. Ein bärtiger Typ öffnete uns die Tür. Er trug eine zerfetzte kurze Hose und ein grünes Hemd, das zur Hälfte aufgeknöpft war, sodass man seine behaarte Brust sehen konnte. Paul stellte uns vor und sagte, dass wir auf der Gästeliste ständen, was mich auflachen ließ. Der Typ trat, ohne ein Wort zu sagen, zur Seite und wir gingen hinein. Drinnen sah es aus wie Sau. Rechts lag ein Kerl auf dem Boden. Seine Füße stießen an die Wand gegenüber und auf seinem Bauch lag eine Trompete. Die Tür daneben stand offen. Ich warf einen Blick hinein und sah drei Leute, einen Mann und zwei

Frauen, die um einen Glastisch knieten. Der Typ zog sich gerade Kokain in die Nase. Die Frauen kicherten und schauten zu. An der Wand im Flur hingen Bilder von verschiedenen Musikern. Einige davon erkannte ich, weil ich in meiner Anfangszeit als Journalist Artikel über Neuerscheinungen auf dem Musikmarkt verfasst hatte. Das war auch so eine wahnsinnige Zeit. Ich hörte mir die Scheiben kaum bis zum Ende an, las stattdessen ein paar Rezensionen auf verschiedenen Websites und schusterte mir daraus meine eigenen Bewertungen zusammen. Das kam so schlecht an, dass ich nach sechs Artikeln das Ressort wechseln musste. Auf einem der Bilder war John Lennon zu sehen, wie er mit nacktem Oberkörper im Bett hockte und telefonierte, daneben Yoko Ono, die unter der Bettdecke hervorlugte. Weil es schief hing, richtete ich das Bild gerade. Paul war unterdessen in das größte Zimmer vorgedrungen. Und damit meine ich wirklich vorgedrungen. Denn um dorthin zu gelangen, musste man über zwei weitere Alkoholleichen steigen. Wieder waren es Männer. Links lag einer, der eine Burger-King-Krone trug, und ihm gegenüber einer in Engelbert-Strauss-Arbeitsklamotten, der zwar noch bei Bewusstsein war, allerdings verzweifelt versuchte, mit der Flamme seines Feuerzeugs die Zigarette zu treffen, die falsch herum in seinem Mund steckte. Ich blieb stehen und sah zu, ob er es schaffte, den Filter anzuzünden. Nach drei Fehlversuchen stieg ich über ihn hinweg. Der Raum war riesig, bestimmt siebzig Quadratmeter. In der Ecke hinten links stand ein Mann hinterm Turntable und zuckte wie verrückt. Die Musik war entsetzlich laut und klang wie Scooter, gesungen von tausend Kleinkindern. Ich schaute mich um und suchte Paul. Er stand am Fenster und redete mit einer brünetten Schönheit. Als er mich sah, winkte er mich zu sich heran.

»Darf ich vorstellen? Das ist Maria.«

»Hallo«, schrie ich viel zu laut, sodass sie einen Schritt zurückwich. Sie sah umwerfend aus. Einfach, weil sie keine von diesen Nullachtfünfzehn-Frauen war, sondern sich schon allein haartechnisch von der Masse abhob. Ich kann das nicht genau erklären, möchte es aber trotzdem versuchen. Die Haare waren kurz geschnitten. Aber nicht so extrem, dass es männlich wirkte, sondern irgendwie wuschig in alle Richtungen zeigend. Später lernte ich, dass dieser Schnitt Pixie genannt wurde. Auch sonst haute mich diese Frau völlig um. Sie trug schwarze Klamotten, die an ihr aber nicht gothicmäßig aussahen, sondern lässig. Das ist tatsächlich das einzige Wort, das mir dazu einfällt. Auf eine lässige Weise sexy.

»Leif ist sein Name und er hat gerade seinen Job verloren«, sagte Paul. »Er war Journalist, schreibt aber aktuell ein Bühnenstück.« Maria nickte anerkennend, was keinesfalls aufgesetzt wirkte.

»Nenn mich Lessmann. Ich hasse meinen Vornamen.«

Sie reichte mir ihre Hand und ich tat das Dämlichste überhaupt. Es ist mir peinlich, das zu schreiben, aber egal. Ich schiebe es einfach auf den viel beschworenen Alkohol. Anders ist es nicht zu erklären, dass ich einer Frau, die ich gerade kennenlernte, auf einer Party im einundzwanzigsten Jahrhundert einen Handkuss gab. Ihre Mundwinkel formten ein Lächeln und wieder bekam ich dieses Nicken von ihr. Das schien ihr Markenzeichen zu sein. Vielleicht bildete ich mir das aber auch nur ein und es bedeutete, dass sie sich über mich lustig machte.

»Und was ist das für ein Stück, Lessmann? Ein Drama?«

»Ist es das nicht immer?«, fuhr Paul dazwischen. »Na ja. Dann redet mal darüber. Ich geh uns was zum Trinken besorgen.« Er drängelte sich an uns vorbei und tänzelte in Richtung Bar.

»Genau«, sagte ich. »Ein gesellschaftskritisches Stück. Ich möchte dem Zuschauer so viele Klischees wie möglich aufzeigen. Und das auf eine direkte Art und Weise. Sehr banal. Kennst du Ibsen?«

»Nein, sorry. Ich habe mit Theater nichts am Hut.«

Ich kann nicht leugnen, dass mich das für eine Sekunde enttäuschte. Eine gut aussehende Frau, die dazu noch charmant war *und* sich fürs Theater interessierte – es wäre zu perfekt gewesen. »Also, es geht für mich hauptsächlich um die Message, die dahintersteckt. Ich will in vielen einzelnen Szenen, die miteinander verknüpft sind, der Gesellschaft den Spiegel vorhalten. Dabei interessieren mich nur die Charaktere. Die Story ist mir scheißegal.«

»Das klingt ziemlich, ähm, interessant. Aber denkst du nicht, die Menschen gehen eher wegen der Handlung ins Theater?«

»Nein. Es wird so dargestellt, dass die Abgründe der Psyche der einzelnen Charaktere den Plot übermalen. Verstehst du?«

Sie sagte zwar, dass sie mich verstand. Aber an ihrem Gesichtsausdruck konnte ich erkennen, dass dem nicht so war. Sie wollte wohl einfach nicht unhöflich sein, was ich sympathisch fand. Trotzdem zeigte mir dieses kurze Gespräch einmal mehr auf, woran es mir in meinem Leben fehlte. Nämlich an Gleichgesinnten. Weder in der Redaktion, als ich noch einer Arbeit nachging, noch in meinem Freundeskreis konnte ich mich über solche kulturellen Themen austauschen. Das Höchste der Gefühle war eine Diskussion über einen Kinofilm. Ansonsten interessierten sich meine Freunde nur für Fußball, Partys und Pornofilme. In dieser Reihenfolge. Manchmal kam ich mir wie das letzte Streichholz vor, das noch nicht verglüht war. Während alle anderen um mich herum mit schwarzem Zündkopf in unterschiedliche Himmelsrichtungen sahen. Deshalb war es für mich auch immer ein Genuss, wenn ich wenigstens kurzzeitig mit jemandem über meine Leidenschaft sprechen konnte. Über meine Obsession. Aber ich will nicht rumjammern. Betrachten Sie die letzten Zeilen einfach als kurzen Abstecher in meine Seelenlandschaft.

Danach passierten auf dieser Feier mit Sicherheit einige interessante Sachen. Das Problem ist nur, ich kann mich nicht mehr an jedes Detail erinnern und möchte, wie gesagt, gerne bei der Wahrheit bleiben. Ein paar Fetzen aus meiner Erinnerung bringe ich aber noch zusammen. Ich weiß noch, dass Paul für uns drei Getränke holte und mir danach einen dieser Blicke zuwarf, wie es der Wingman macht, wenn alles in die richtige Richtung läuft. Maria und ich unterhielten uns, allerdings weiß ich nicht mehr, worüber. Vermutlich verlief der Dialog irgendwann im Sand. Nur eine Sache blieb mir im Gedächtnis: Sie sagte, einer ihrer Verwandten hätte das Tunguska-Ereignis miterlebt. Das fand ich super spannend. Paul war irgendwann weg, oder ich hatte ihn einfach längst ausgeblendet.

Plötzlich gab es eine Explosion. Ich warf mich auf den Boden und zog Maria zu mir herunter und alle brachen in lautes Gelächter aus. Ein Typ hatte einen Böller im Hausflur hochgehen lassen, und ich schwöre, ich dachte, es wäre eine Bombe. So betrunken war ich zu diesem Zeitpunkt schon wieder. Oder immer noch. Wobei ich geneigt bin zu denken, dass mir Paul etwas in mein Getränk getan hatte. Klar, ich war und bin eigentlich nicht der große Trinker und vertrage nicht so viel. Auch wenn das auf Sie anders wirken muss. Aber nach zwei Gläsern Jacky Cola war ich straff wie ein Spanngurt. Ein Wunder, dass mich Maria noch verstand. Jedenfalls plätscherte nach dieser vermeintlichen Bombe die Party so dahin, und dann weiß ich überhaupt nichts mehr. Ab und an erscheinen in meinem Kopf noch ein paar Sequenzen, unterlegt mit Geschrei und dieser grässlichen Musik. Ich sehe Paul, der eingeklemmt zwischen den Brüsten zweier Blondinen auf dem Sofa sitzt und Bier durch einen Strohhalm zieht. Oder Maria, wie sie über mir ist und dann bin ich über ihr und alles geht so schnell und wirkt unbeholfen und blamabel.

Das ist es auch – blamabel.

Manchmal lehne ich mich zurück und denke daran, wie alles verlaufen wäre, wenn ich Paul nicht getroffen oder ihn auf dem Marktplatz abgewimmelt hätte. Oder wenn ich den Sprayern nicht entgegengetreten wäre. Welchen Weg hätte mein Leben dann eingeschlagen? Und lohnt es sich, über etwas nachzudenken, das sich nicht mehr rückgängig machen lässt? Zu viel Konjunktiv. Doch eines ist sicher: Bislang war das die dahinplätscherndste Geschichte aller Zeiten. Ich kann es Ihnen nicht verübeln, wenn Sie diese Zeilen hier gar nicht mehr lesen, weil Sie das Buch längst weggelegt haben und stattdessen mit einem Billigwein, der Ihnen morgen Kopfschmerzen bereiten wird, auf dem Sofa liegen und GNTM schauen. Wirklich nicht. Ich wäre Ihnen nicht böse oder so. Für mich klingt das ja selbst alles sehr beliebig. Aber, und das ist jetzt wichtig, in dieser Nacht passierte etwas mit mir. Passierte etwas *in* mir. Als ich am Morgen danach die Augen öffnete, spürte ich eine tiefe Abneigung gegenüber der Welt, gepaart mit dem Entschluss, es allen zeigen zu wollen. Wenn Sie also auf den nächsten Seiten den Eindruck bekommen, aus mir spricht ein neuer Mensch, dann kann das durchaus so sein. Ich schreibe das hier nur so auf, wie ich es ab diesem Zeitpunkt empfunden habe. Vielleicht lag es an diesem einen Tag. Vielleicht lag es an den Drogen und dem Alkohol. Vielleicht lag es an den deprimierenden Taxifahrten oder ganz einfach am Wetter. Der Herbst war ja die beste Jahreszeit für eine Depression. Egal, was mich in dieser Nacht heimsuchte, es hat ganze Arbeit geleistet. Meine Augen gaben langsam den Blick auf die Welt frei, die sich mir nun in einem ganz neuen Licht präsentierte. In Vorfreude auf das Treffen mit diesem Regisseur zeichnete mein Verstand die Umrisse meiner Umgebung schärfer denn je. Aus der Tristesse heraus entstand ein neues Bild.

Hier endet das Vorspiel. Doch es geht weiter. Aber auf eine neue Art. Verzeihen Sie diesen Ausflug ins Großspurige. Wobei, ein wahrer Künstler entschuldigt sich nicht, er begreift seinen Standpunkt als etwas

Absolutes. Wo nichts in Stein gemeißelt ist, kann auch niemand urteilen. Ein neuer Tag brach an und mit ihm die Chance, es endlich gut zu machen.

Und los.

4
Der Morgen danach.

Ich öffnete die Augen und lag auf meinem Sofa. Mir brummte der Schädel. Paul saß am Küchentisch und blätterte in der Tageszeitung.

Schmunzelnd sah er in meine Richtung und sagte: »Guten Morgen. Ich dachte schon, du wachst gar nicht mehr auf.«

»Morgen. Wie spät ist es?«

Er faltete die Zeitung zusammen und legte sie beiseite. Bevor er mir antwortete, nahm er einen Schluck Kaffee, den er aus meiner Lieblingstasse, die mit der Aufschrift *But first Kafka*, trank. »Gleich elf Uhr.« Ich erhob mich etwas zu rasch und sofort drehte sich alles um mich herum. Es dauerte ein paar Sekunden, bis ich in der Lage war aufzustehen. Mühsam schleppte ich mich an den Tisch. Paul drückte auf den Knopf der Kaffeemaschine, der das Mahlwerk in Gang setzte. Sofort verstärkten sich meine Kopfschmerzen. Paul sah mich amüsiert an. Im Gegensatz zu mir sah er einmal mehr wie aus dem Ei gepellt aus. Ich erinnerte mich an den Vortag, als er am Treffpunkt ankam und ebenfalls topfit war. »Du hast so friedlich ausgesehen, da wollte ich dich nicht wecken.«

Er schob mir die Tasse rüber. Wäre ein Fremder in dieser Sekunde zur Tür reingekommen, hätte es für ihn ausgesehen, als wäre das Pauls Wohnung und ich der Gast. Er agierte mit einer Selbstverständlichkeit, als würde er hier seit Jahren ein und aus gehen.

»Danke.« Der erste Schluck war sehr heiß, aber er ließ mein Gehirn das Gleichgewicht wiederfinden. »Ich glaube, ich habe einen ganz schönen Filmriss. Ich weiß gar nicht, wann ich das letzte Mal so viel getrunken habe.«

»Wahrscheinlich damals auf dem Schulklo.«

»Haha. Sehr witzig. Wann wolltest du denn los?«

»Oh, du erinnerst dich noch an unseren Plan? Na immerhin. Aber mach dir keine Gedanken. Zeitlich sind wir absolut flexibel.«

»Na, Gott sei Dank.« Draußen raste ein Krankenwagen vorbei. Das Martinshorn reanimierte die Schmerzen in meinem Kopf, die gerade ein klein wenig nachgelassen hatten. Ich massierte meine Schläfen. Das machen die Schauspieler in Filmen immer so, aber glauben Sie mir, es bringt überhaupt nichts. »Dieser Regisseur, wie ist der so?«

»Eigenwillig. Du wirst ihn lieben.«

»Sei dir da mal nicht so sicher. Manchmal hasse ich Menschen mit einer fast schon gespenstischen Leichtigkeit.«

»Ja, er auch. Deswegen sagte ich das ja. So, wie ich dich gestern Abend kennengelernt habe, bin ich mir zu hundert Prozent sicher, dass ihr euch sympathisch sein werdet.«

»O Mann. Bitte hör mir mit gestern Abend auf. Vielleicht solltest du mir erst mal von diesem Fiasko erzählen, bevor wir uns ins nächste stürzen.«

Paul lehnte sich zurück. Es wirkte, als wolle er nun zu einem mehrminütigen Monolog ansetzen und vorher noch einmal durchschnaufen. »Da gibt es nicht viel zu sagen. Du und Maria, ihr wart unzertrennlich. Dann seid ihr ziemlich schnell in einem der Zimmer verschwunden. Ich bin nach einer halben Stunde mal rübergegangen und habe an die Tür geklopft.«

»Und? Hatten wir … du weißt schon?«

»Sagen wir es so. Es fielen Tiernamen.«

»Mein Gott. Wie peinlich.«

»Ach, wieso denn? Das muss dir nicht unangenehm sein.«

Ich fand das ungeheuer blamabel und versuchte, Pauls Eindruck von mir zu korrigieren, indem ich sagte, dass ich so etwas eigentlich nicht machte und die letzten Tage wohl einfach ein bisschen viel waren. Stress und so. Aber Paul winkte nur ab und gab mir zu verstehen, dass ich mir keinen Kopf machen sollte.

»Und wie ging es für dich weiter?«, fragte ich. Der Kaffee schmeckte bitter und mein Magen knurrte. Ich griff zu den Salzstangen, die in einem Glas auf dem Tisch standen. Während ich mir zwei herauszog, fiel mir ein, dass ich sie schon vor einer Woche dorthin gestellt hatte. Genauso schmeckten sie auch. Statt eines knackenden

Geräuschs klang es, als bisse ich eine Pappschachtel auseinander. Angewidert kaute ich darauf herum und musste die Masse, die in meinem Mund immer mehr zu werden schien, mit dem galligen Kaffee herunterspülen.

»Revolte«, sagte Paul. »Die Nacht war eine einzige Revolte. Sei froh, dass du nicht dort in der Wohnung aufgewacht bist.« Er lehnte sich zurück und sah durchs Fenster hinaus in den Himmel. Sein Blick bekam etwas Wehmütiges, und ich hätte schwören können, im Augenwinkel seines linken Auges eine Träne zu erkennen. Ohne zu zwinkern, als sähe er die Bilder erneut vor seinen Augen, sprach er weiter: »Es gab Kämpfe. Einer hielt eine brennende Deutschlandflagge in der Hand und sang ein Lied von Heino. Das war echt verrückt. Flaschen flogen quer durch den Raum. Scheiben gingen zu Bruch. Als ich auf die Toilette wollte, stand plötzlich ein Feuerwehrmann vor mir. In seiner linken Hand hielt er ein Beil. Als dann die Polizei kam, machten wir uns aus dem Staub. Ihr habt euren Softporno gerade noch rechtzeitig beendet. Ich habe dich eingepackt und wir sind zu meinem Auto gerannt.«

»Daran kann ich mich überhaupt nicht mehr erinnern. Und Maria?«

»Keine Ahnung. Für sie wäre eine Flucht eh sinnlos gewesen. Die Bude gehört ihr ja.«

Ich hatte mir gerade eine Zigarette angezündet und verschluckte mich. »Was?«, hustete ich. Paul beugte sich vor und klopfte mir auf den Rücken.

»Du hast mit der Gastgeberin geschlafen, mein Freund. Hut ab.« Symbolisch zog er den Hut vor mir.

»Na toll. Und ich habe keine Erinnerung mehr daran.«

Paul lachte wieder sein markantes Lachen. »Ich sagte doch, die Party würde dir guttun.«

Ich gab ihm recht. Nachdem ich meinen Kaffee ausgetrunken hatte, verzog ich mich ins Bad, wo ich versuchte, wieder einen Menschen aus mir zu machen. Danach packte ich meine Tasche. Das Allerwichtigste waren meine Notizen. Einige befanden sich zwar auf der Festplatte meines Rechners, aber einen Großteil hatte ich ausgedruckt in der Wohnung liegen. Nennen Sie mich ruhig altmodisch. Ich mag es einfach, wenn ich mein Geschriebenes in den Händen halten kann. Das gibt mir das Gefühl, tatsächlich etwas erreicht zu haben. Viel mehr als jede Silbe, die vor mir auf dem Fünfzehn-Zoll-Monitor zu sehen ist.

Kurze Zeit später verließen wir meine Wohnung. Paul hatte nach eigener Aussage »gleich um die Ecke« geparkt. Wie er das Auto, inklusive uns, betrunken und womöglich mit Drogen im Blut unfallfrei zu meiner Wohnung gebracht hatte, war mir ein Rätsel. Ich sparte mir die Frage danach. Zehn Minuten irrten wir durch einige Querstraßen, weil Paul sich nicht mehr sicher war, wo er den Wagen genau abgestellt hatte. »Es war mitten in der Nacht, verflucht. Ah, schau, da drüben steht er ja.«

Wir standen vor einem Opel Corsa. Er muss einer der ersten gewesen sein, die vom Band gerollt waren. Meine Oma fuhr das Nachfolgemodell, das aussah wie ein Ei. Pauls Wagen war eckig, zudem war nicht auf Anhieb zu erkennen, ob es sich bei der Farbe um ein dreckiges Weiß oder ein mattes Grau handelte. Zu allem Überfluss rundete eine schwarz-rote Zierleiste, die ihren Namen nicht verdiente, das Gesamtbild ab. »Hast du nicht gesagt, du hast ein Auto? Das soll wohl ein Witz sein?«

»Jetzt werde mal nicht unhöflich Yang Sun gegenüber.« Er streichelte dabei über die mit Flugrost übersäte Motorhaube.

»Yang Sun?«, lachte ich. »Der stellungslose Flieger aus *Der gute Mensch von Sezuan*?«

»Genau. Dull hat ihm den Namen gegeben. Ich wollte ja was Weibliches, aber er meinte, das würde passen. Keine Ahnung, ich kenn mich mit Theater überhaupt nicht aus. Und jetzt schau nicht so doof. Es wird zwar etwas länger dauern, doch wir werden ankommen.«

Die Beifahrertür gab ein fürchterliches Quietschen von sich, als ich sie öffnete. Beinahe so, als wollte sie keinen Fahrgast zulassen. Paul startete den Motor und wir fuhren los.

Schon nach den ersten Metern wurde ich mir meiner misslichen Lage bewusst. Wir fuhren in Richtung Autobahn und Paul drückte einen Knopf am Radio. Die

Lautsprecher knackten. Dann ging es los. »Was ist das für eine Musik? Hast du die Kassette vom Vorbesitzer übernommen oder was?« Ich bekam einen Blick zugeworfen, der mich in einer Parallelwelt, in der unsere Augen Waffen waren, getötet hätte. »Ist das Roland Kaiser?« Die Frage musste ich fast brüllen, weil die Musik so laut war. Wir hielten an einer Ampelkreuzung und ein Rentnerehepaar überquerte vor uns die Straße. Der Mann musste wohl die Musik gehört haben, denn er hob anerkennend den Daumen. Von Paul bekam ich keine Antwort. Scheinbar hielt er meine Frage für einen Scherz. Dann fuhren wir auf die Autobahn. Bis nach Berlin waren es ungefähr fünf Stunden. »Jetzt sag doch mal. Hörst du wirklich solche Musik?« Pauls Finger trommelten rhythmisch auf dem Lenkrad. Es hätte mich nicht gewundert, wenn es mit einem Bezug aus Lammfell überzogen gewesen wäre. »Ich glaub's einfach nicht. Hören wir das jetzt die ganze Fahrt über?« Ein stechender Schmerz bahnte sich von meinem Gehörgang aus den Weg in Richtung Gehirn.

Paul sah entgeistert zur mir herüber. Die Finger klimperten unbeeindruckt weiter, während Yang Sun mit hundertfünfzig geradeaus schoss. »Klar, was sonst?«

»Ich weiß ja nicht, aber ist man mit Ende dreißig nicht etwas zu jung dafür?«

Energisches Kopfschütteln. Immerhin hatte er den Blick wieder auf die Fahrbahn gerichtet. »Scheiße, nein, niemals! Hier«, er drehte leiser und sang die Textzeile mit, »hör dir das an und sag mir, dass dieser Mann ein Poet ist. Diese eindeutige Zweideutigkeit ist einfach unglaublich.«

Ich reagierte nicht darauf, sondern sah aus dem Fenster. Draußen zogen Sträucher und Felder vorbei und davor eine Fahrbahnbegrenzung, die unendlich lang zu sein schien. Eine halbe Stunde und unzählige Kaiser-Songs später holte mich das Klicken des Blinkers, dessen Hebel wie ein überdimensionales Damoklesschwert vom Lenkrad wegzeigte, in die Gegenwart zurück. Wir fuhren an der nächsten Abfahrt ab. Als ich auf dem Parkplatz die Wagentür öffnete, direkt neben einer Gruppe Jugendlicher, die augenscheinlich mit einem Kleinbus auf dem Weg zu einem Fußballspiel waren, schallte den Jungs die ganze Kraft deutscher Schlagerpower entgegen. Paul hatte etwas von »Lieblingslied« genuschelt und noch einmal voll aufgedreht. Dazu ließ er den Motor im Stand kurz aufheulen. Am liebsten wäre ich im Erdboden versunken.

Sie war ein Kind der Sonne,
schön wie ein erwachender Morgen.
Heiß war ihr stolzer Blick,
doch tief in ihrem Inneren verborgen,
brannte die Sehnsucht,
Santa Maria,

*den Schritt zu wagen,
Santa Maria,
vom Mädchen bis zur Frau.*

Mit Schamröte im Gesicht stieg ich aus dem Wagen. Die jugendliche Gang lachte sich schlapp, als sie uns in voller Pracht zu sehen bekam. Einer der Kerle, vermutlich ihr Anführer, rief: »Na, Opas, gönnt ihr euch einen Seniorenteller?« Seine Freunde lachten. Er trug eine weiße Trainingsjacke, deren Ärmel durch den Bizeps zum Zerreißen gespannt waren. Solche Typen kannte ich zur Genüge. Massenweise Potenzial in Armen, Beinen und eventuell dem Genitalbereich. Allerdings auf Kosten der Hirnmasse.

»Ich geh mal schnell austreten«, sagte Paul. Ich sah ihm hinterher und dachte daran, dass die deutsche Sprache wahrlich nicht zu beneiden war. Meine Fremdsprachenkenntnisse beschränkten sich zwar auf Englisch, aber ich war mir sicher, dass in jeder anderen Sprache der Gang zur Toilette majestätischer klang. Austreten – was für ein Ausdruck.

Ich holte eine Zigarette aus meiner Schachtel und zündete sie mir an. Aus dem Augenwinkel beobachtete ich die Gang. Sie schienen das Interesse an Paul und mir verloren zu haben. Der Typ, der uns angepöbelt hatte, lehnte am Auto und redete, während die anderen um ihn herumstanden und seinen Worten lauschten.

Wie ein hirnloses Gefolge, dachte ich, bei dem jeder Einzelne froh ist, diesen Anführer zu haben. So kamen sie selbst nicht in die Verlegenheit, ihr Gehirn anzustrengen. Wie alt mochten die Kerle wohl sein? Ich schätzte sie auf Anfang zwanzig. Vermutlich war der Bus gemietet und der Fahrer war der einzige halbwegs Vernünftige in der Runde, weil sein Vater selbstständiger Versicherungskaufmann war und er so wenigstens etwas Seriosität in die Gruppe brachte. Am Kfz-Kennzeichen erkannte ich, dass sie aus der Provinz kamen. Die jungen Männer rauchten und lachten, und dann fiel eine Bierflasche zu Boden und daraufhin lachten sie nur noch lauter. Ich konnte mit der Jugend von heute nichts anfangen, schon gar nicht, wenn sie vom Dorf kam. Und das meine ich nicht so negativ, wie es klingt. Man muss sich das mal vorstellen: Du wirst hineingeboren in eine Welt, die dich mit ihren Möglichkeiten erschlägt. Aber dann wächst du nicht in einer pulsierenden Stadt auf, sondern auf dem Land zwischen Milchkühen und Schafherden. Und den neuen heißen Scheiß kennst du nur aus dem Internet, und bis er bei dir ankommt, ist er schon wieder fast out. Ist doch klar, dass diese Jünglinge dann wütend wurden auf sich und die Welt, und auch wenn sie sich zufrieden und glücklich gaben, so war ich mir sicher, dass es in ihnen drin anders aussah. Das soll kein Plädoyer für die Großstadt sein, um Himmels Willen. Alles hat seine Vor- und Nachteile, das weiß ich. Neunbrücken war sicherlich auch kein Hauptgewinn, aber es hätte mich schlechter treffen können. Ich bin aber auch fast doppelt so alt wie diese Rotznasen. Als ich geboren wurde, war Deutschland noch geteilt. Davon wissen diese Halbstarken doch nichts und es interessiert sie wohl auch gar nicht. Aber ich beschloss, nicht weiter darüber nachzudenken, sondern mir meine Wut für mein Stück aufzuheben. Am erträglichsten war es für mich, wenn ich meine Abneigung gegenüber der Welt schriftlich festhalten konnte. Dabei fiel einiges von mir ab und danach ging es mir besser. Also, scheiß auf diese Dümmlinge, dachte ich. Die waren es sowieso nicht wert. Egal, ob sie uns auslachten oder nicht. Nur so viel noch: Wenn mein Kind später einmal ständig »Alter« sagt, bringe ich es höchstpersönlich in ein Heim.

»Na? Beobachtest du die zukünftigen Kleinganoven?« Paul war vom Austreten – schon wieder dieses Wort! - zurück und stand hinter mir. Ich schnippte meine Zigarettenkippe in den Mülleimer und gab ihm mit einem Blick zu verstehen, dass ich endlich von diesem Rastplatz runterwollte. Wir stiegen ins Auto und fuhren los. Die Kerle schenkten uns keine Beachtung, als wir an ihnen vorbeifuhren.

»Findest du dieses Lied nicht irgendwie, wie soll ich sagen, sonderbar?«

Paul drehte die Musik leiser. Man konnte sich nun tatsächlich in einem normalen Ton unterhalten. »Welches? *Santa Maria*?«

»Genau. Du weißt schon, worum es in dem Song geht, oder?«

»Es ist eine Liebesgeschichte.«

Ich verkniff mir das Lachen. »Eine Liebesgeschichte, soso. Findest du nicht, dass es die Geschichte eines älteren Lustmolchs ist, der ein junges und wehrloses Mädchen am Strand verführt?«

Er dachte nach. Wahrscheinlich hatte ihn noch nie jemand darauf hingewiesen. Aber die Antwort, die ich bekam, war auch irgendwie zu erwarten gewesen. Paul schüttelte kurz den Kopf und drehte dann wieder am Lautstärkeregler. »Wenn du denkst, dass ich mir die Hosen mit der Kneifzange anziehe, muss ich dich leider enttäuschen. Es ist ein Liebeslied. Punkt.« Der Song war zu Ende, und während wir der A4 in Richtung Hauptstadt folgten, gab mir Roland Kaiser noch eine Weisheit mit auf dem Weg:

Eines Tags irgendwann
fängt alles noch einmal an,
jeder kriegt noch eine Chance.
Glaub daran, geh ohne Angst, nur geradeaus.

5

Yang Sun ließ uns nicht im Stich. Der Corsa fuhr wie an einer Schnur gezogen über die Autobahn. Allerdings nur, solange Paul das Lenkrad mit beiden Händen umschlossen hielt. Wenn er es losließ, zog der Wagen etwas nach rechts.

Ich könnte jetzt über mehrere Seiten hinweg beschreiben, was dann auf dem Weg nach Berlin, bis kurz bevor wir das Ziel erreichten, passierte. Aber das würde zum einen die Geschichte nur unnötig aufblähen, und zum anderen wäre es erstunken und erlogen. Die Wahrheit ist nämlich, dass ich einschlief und erst kurz vor Berlin wieder aufwachte. Deshalb geht die Geschichte auch erst an diesem Punkt weiter. Sie müssen sich diese vier Stunden also als eine Art Zeitsprung vorstellen, unterlegt mit der rauchigen Stimme eines Schlagersängers.

Ich wachte auf und das Erste, was ich spürte, war ein stechender Schmerz in meinem Nacken. Ein Speichelfaden hing aus meinem Mund. »Na? Ausgeschlafen?« Ich drehte meinen Kopf nach links. Paul saß gut gelaunt am Steuer. Die linke Hand lag locker auf dem Lenkrad und in der rechten hielt er ein Red Bull. Gerade passierten wir den Berliner Bären, der die Autobahn in zwei Hälften teilt.

»Mein Gott«, sagte ich, noch etwas benommen, »wir sind ja gleich da.«

»Richtig. Da sollte ich dir noch etwas über Dull sagen.«

»Schieß los.«

»Also, er heißt Hans Dull und war Regisseur an der Schaubühne. Er ...«

»Moment mal, was heißt *war*? Du hast doch gesagt, er *ist* Regisseur.«

Paul nahm einen Schluck von seinem Energydrink, wahrscheinlich, um Zeit für die richtigen Worte zu gewinnen. »Na ja, nicht ganz. Also doch, in gewisser Weise schon. Ich weiß nicht, wie ich es beschreiben soll. Er ... pausiert, ja genau, das ist das richtige Wort. Er pausiert gerade.«

Ich war mittlerweile wieder auf Betriebstemperatur. Von der Müdigkeit spürte ich nichts mehr außer dem Schmerz in meinen Gliedmaßen von dem unbequemen Beifahrersitz. »Jetzt eiere doch hier nicht so rum. Sag schon, was ist mit ihm?«

Paul setzte den Blinker und scherte zum Überholen aus. »Es läuft ein Verfahren gegen ihn. Da gab es wohl einen ... Vorfall. Aber nichts Großes, keine Angst.«

Sofort sah ich die Zeitungsausschnitte vor mir, die sie in der Redaktion herumgereicht hatten. Immer öfter wurde von Frauen berichtet, die sich beschweren, dass Männer ihre Macht missbrauchten und sie sexuell belästigt hatten. Vor allem am Theater. Mit so jemanden wollte ich nichts zu tun haben. Also bohrte ich weiter nach. »Hat er jemanden belästigt? Dir ist schon bewusst, dass das alles ändern würde? Dann kannst du mich gleich hier rauslassen.«

»Nein, nein. Keine Angst. So einer ist er nicht. Er macht zwar gerne mal einen auf dicke Hose, aber ich habe noch nie mitbekommen, dass er Frauen schlecht behandelt hat.« Pauls Mittelfinger klopfte nervös auf den Schaltknauf. Ich spürte, dass es ihm unangenehm war, darüber zu sprechen. »Ach, was soll's. Früher oder später erfährst du es ja eh. Er hat wohl jemanden geschlagen. Und nein, keine Frau. Mehr weiß ich aber auch nicht.«

»Und deshalb wurde ihm gekündigt?«

»Nein, beurlaubt, würde ich sagen. Bis der Fall geklärt ist. Du musst wissen, dass Dull ein ziemlich extremer Typ ist. Halbe Sachen macht er nicht, und er hasst auch Menschen, die sich mit halben Sachen zufriedengeben. Ich würde ihn als Narzissten und Exzentriker bezeichnen. Aber vielleicht sind auch alle beim Theater so, was weiß denn ich.«

»Na, das kann ja heiter werden. Aber gut, solange er mir hilft.«

»Ja, genau, das wollte ich ja eigentlich sagen. Also sei einfach du selbst. Er merkt sofort, wenn sich jemand verstellt, um sich einzuschleimen. Sei immer ehrlich und direkt, und sag ihm frei heraus, wie du über eine Sache denkst. Das wird er mögen. Außerdem trinkt er Wein wie andere Leute Mineralwasser. Also pass auf, wenn du abends mit ihm am Tisch sitzt.«

»Und du meinst, er gibt sich dann mit mir ab? Ich kann doch nicht einfach so mit dir dort aufkreuzen und verlangen, dass er mit mir an meinem Stück arbeitet.«

»Doch, das kannst und das wirst du. Nachdem du mir in der Kneipe dein Herz ausgeschüttet hast, habe ich ihn angerufen, irgendwann am Nachmittag. Ich habe ihm alles von dir erzählt und gesagt, du schreibst ein Stück. Die Leseprobe fand er gut. Hätte er die nicht abgenickt, hätte ich heute Morgen die ganze Sache abgeblasen.«

»Leseprobe? Die Sache abgeblasen?«, echote ich. »Wie meinst du das?« Ich war verwirrt.

»Na, gestern haben wir beschlossen, nach Berlin zu fahren. Richtig?«

»Richtig.«

»Und da wusste Dull auch schon Bescheid. Und heute Morgen, als du noch deinen Rausch ausgeschlafen hast, habe ich deine Leseprobe gelesen. Die lag ja offen auf dem Schreibtisch herum. Ich habe sie abfotografiert und Dull per SMS geschickt. Und da hat er mir geantwortet: ›Bring ihn her.‹ Deshalb sitzen wir in meinem Auto.«

Am liebsten hätte ich Paul eine runtergehauen. So viel Dreistigkeit war mir auch noch nie untergekommen. Aber im Endeffekt musste ich ihm wahrscheinlich sogar noch dankbar sein. Also sagte ich nichts, sondern sah aus dem Fenster. Wir fuhren von der Autobahn ab.

Paul klopfte mir aufmunternd auf den Oberschenkel, was ich in dieser Situation unpassend und auch unangenehm fand. »Dull und Lessmann, Lessmann und Dull – das wird ein sensationelles Duo. Wie McCartney und Lennon. Vertrau mir, mein Freund. Wenn ich etwas kann, dann Menschen zusammenbringen.« Durch die Bäume hindurch schien mir die Sonne entgegen. Ich war nervös.

6

Wir parkten direkt an der Straße im Stadtteil Kreuzberg. Dort lebte Dull alleine in einer Dachgeschosswohnung, wie mir Paul erklärte. Das enttäuschte mich ein bisschen, denn ich hatte mit etwas Glamouröserem gerechnet, wenn ich ehrlich sein soll. Vielleicht ein Haus am Müggelsee oder so. Ich nahm meine Tasche aus dem Kofferraum. Paul trug über der rechten Schulter seine Reisetasche und in der linken Hand hielt er einen Stoffbeutel, auf dem das Logo seiner Firma aufgedruckt war.

Erst nach dem vierten oder fünften Klingeln wurde uns der Zugang zum Treppenhaus gewährt. Da es keinen Aufzug gab, mussten wir die Treppe bis in den fünften Stock nehmen. Oben angekommen, klopfte Paul gegen die Tür. Dreimal. Es gab zwar eine Klingel, aber die ignorierte er. Ich sah sie mir trotzdem genauer an, solange wir warteten. Der Name Dull war aus verschiedenen Buchstaben in unterschiedlichen Farben aus Zeitungen ausgeschnitten. Wie aus einem Bekennerschreiben. Dann öffnete Dull die Tür. Ich hatte mir diesen Moment genau ausgemalt. Deshalb ärgerte es mich, dass er meine Anwesenheit anfangs komplett ignorierte. Er trug eine Baskenmütze, unter der graue Locken hervorquollen. Ich schätzte ihn auf Ende fünfzig. Er und Paul umarmten sich und klopften sich dabei im gleichen Takt auf die Schultern wie alte Weggefährten. Dann begannen sie einen kurzen Smalltalk, der sich um die von Paul mitgebrachten Artikel drehte. Nach einer gefühlten Ewigkeit, die wir im Türrahmen standen, schaute mich Dull zum ersten Mal an. Meine Hände waren feucht. »Und du bist dann wohl Lessmann, der Stückeschreiber.« Seine Stimme war tief, wahrscheinlich Bariton. Außerdem sprach er sehr laut. Kurz gesagt, er schüchterte mich ordentlich ein. Außerdem stank er nach Vanillezigarren.

»Der bin ich. Danke für die Einladung.«

Dull winkte ab. »Ha! Einladung?«, brüllte er. »Kann mich nicht erinnern, euch eingeladen zu haben. Eigentlich sollte mir dieser Typ hier nur ein paar Sachen gegen meine nervöse Ader mitbringen. Aber er hat darauf bestanden, dass wir uns kennenlernen. Also kommt rein, Freunde. Möchte jemand Wein?«

»Ich«, sagte Paul. »Hast du noch was von dem guten Weißen?«

»Für mich bitte nichts, danke«, sagte ich. Mir war immer noch übel von dem Alkohol der letzten Tage.

Dull blieb stehen, drehte sich zu mir um und sah mich abschätzig an. »Sicher, dass du ein Schreiber bist?«

»Ja«, antwortete ich. »Das bin ich.«

Dull wandte sich Paul zu. Der zuckte mit den Achseln. Danach sah er wieder in meine Richtung. »Dann bist du der erste Dramatiker, den ich kennenlerne, der nicht trinkt. Aber gut, wenn du meinst. Ach so, und Paul, du meinst den Kröver Nacktarsch?« Paul nickte. »Davon habe ich doch immer genügend im Haus, weißt du doch.«

»Jaja, natürlich«, lachte Paul. Dann zu mir: »Damals, als der Lockdown war, schloss sich Dull in seiner Wohnung ein und schrieb wie ein Besessener an einem neuen Stück. Dazu trank er literweise diesen Wein. Ich glaube, die Vorräte, die er im Keller hat, reichen für einige Jahre.«

»So ist es. Ich hätte noch monatelang in diesem Zustand ausharren können. Aber dann kehrte ja die Normalität scheibchenweise zurück.«

Neugierig schaute ich mich um. Dulls Wohnung glich einem Atelier. Im Prinzip war es ein einziger großer Raum. Überall lagen Zettel herum und die Dachfenster warfen Licht auf den Holzfußboden. Ich war sofort verliebt in das Ambiente. So stellte ich mir einen Künstlerhaushalt vor. Mir fiel ein Bild auf, das zwischen zwei Skulpturen an der Wand hing. Dort stand auf weißem Hintergrund *Carpe Diem*. Allerdings war der Schriftzug mit einem Phallussymbol übermalt. Dull bemerkte, dass ich das Bild betrachtete. Mit einem Glas Wein in der Hand trat er neben mich. »Carpe fucking Diem«, sagte er. »Das ist doch Blödsinn. Diese angebliche Lebenseinstellung sorgt doch nur dafür, dass ich ein schlechtes Gewissen bekomme, wenn ich einen Sonntagnachmittag auf dem Sofa verbringe und Netflix schaue, statt zu arbeiten oder etwas für die Umwelt zu tun. Wir setzen uns mit solchem Selbstoptimierungsschwachsinn doch nur unnötig selbst unter Druck.«

»Da ist was dran«, erwiderte ich. »So habe ich das noch nie gesehen. Aber es stimmt wohl. Paul hat mir erzählt, dass du aktuell … pausierst?«

Dull nippte an seinem Wein. Sein weißes Baumwollhemd war bis zur Hälfte aufgeknöpft, weshalb ich den Anhänger sehen konnte, der an einer Kette um seinen Hals hing. Es war die Sonne, eingerahmt von den Sternzeichen, und irgendwie, fand ich, passte diese Kette gar nicht zum Auftreten Dulls. Aber vielleicht waren es gerade diese Unstimmigkeiten, diese Gegensätze, die ihn ausmachten. »Sagen wir es so. Ich hatte eine kleine Auseinandersetzung mit dem Bühnenbildner. Aber das ist quasi ausgeräumt. Nicht der Rede wert.« Wir setzten uns an einen runden Holztisch. Paul blätterte ein paar Magazine durch. Erst auf den zweiten Blick erkannte ich, dass zwischen Fachblättern auch der Playboy lag.

»Also gut«, sagte Dull, »erzähl mir von deinem Stück. Ich will wissen, ob es sich lohnt, mit dir daran zu arbeiten. Für Zeitverschwendung ist kein Platz in meinem Leben. Du weißt ja, Carpe Diem und so.« Ein dreckiges

Lachen unterstrich die Ironie in seinen Worten. Fast beiläufig steckte er sich eine Zigarre an.

»Nun ja, ich möchte der Gesellschaft ein Stück weit den Spiegel vorhalten und dabei so viele Klischees wie möglich bedienen. Also auf eine übertriebene Art und Weise. Radikal, würde ich sagen.«

»Radikal ist gut. Sonst macht das alles keinen Sinn. Wir können nicht noch mehr Scheiß auf unseren Bühnen gebrauchen. Verstehst du?«

Ich verstand. Paul sah von seinen Zeitschriften hoch und sagte: »In diesem Land wird doch allgemein zu viel Banales getan.« Dann steckte er die Nase wieder in die Lektüre.

Dull gab ihm Recht. Und dann schob er einen Satz hinterher, der überhaupt nicht in den Kontext passte, mich aber seitdem nicht mehr losließ. »Gott hat dieses Land schon lange links liegen lassen.« Daraufhin herrschte für einige Sekunden eine fast andächtige Stille. Der Rest des Tages ging ziemlich schnell vorbei. Dull zeigte mir einige Stücke, die er inszeniert hatte, und Paul gammelte derweil in der Wohnung herum, lag auf der Eckcouch und schaute Netflix auf einem Tablet. Denn einen Fernseher gab es nicht. Abends saßen wir wieder am Tisch und redeten. Diesmal trank ich auch ein Glas Wein. Paul schlief auf einer extra für ihn aufgestellten Pritsche und ich durfte die Nacht auf dem Sofa verbringen. Immer wieder wachte ich auf, weil Paul und Dull um die Wette schnarchten. Einmal stand ich sogar auf und schaute aus dem Fenster über die Dächer Berlins. Wenn Gott dieses Land wirklich links liegen lassen hatte, dachte ich, dann war es an der Zeit, das den Menschen zu sagen. Mir fielen einige Sätze ein, die ich in meinem Stück unterbringen konnte. Gott sei Dank lagen überall in der Wohnung weiße Blätter herum. Gegen Mitternacht schlief ich endlich ein und fühlte mich dabei auf eine beruhigende Weise angekommen, fast schon geborgen.

7

Ich könnte jetzt seitenlang darüber berichten, was ich in dieser Nacht noch träumte, aber glauben Sie mir, es würde Sie nicht interessieren. Mein Verstand schien sich zu verselbstständigen. Ich bin mir nicht sicher, ob man das noch als blühende Fantasie auslegen konnte oder ob es schon in Richtung Wahnvorstellungen ging. Na gut, ich will mal nicht so sein. Ich gebe Ihnen ein Beispiel, damit Sie nicht komplett im Regen stehen. Allerdings liegt dieser Traum schon etwas länger zurück. Es war, wenn ich mich recht entsinne, einige Tage bevor dieser seltsame Vorfall mit den Sprayern mein Leben durcheinanderwirbelte.

Ich war als Gast im *Literarischen Quartett* eingeladen. Dazu muss ich sagen, dass ich diese Sendung schon seit Jahren nicht mehr verfolgte. Einfach, weil ich das Gefühl hatte, dass die Qualität der Sendung mit jeder Ausstrahlung abnahm. Trotzdem fand ich mich inmitten einer illustren Runde wieder. Thea Dorn, die eigentliche Moderatorin, war kurzfristig ausgefallen. Warum, das erklärte mir natürlich niemand. Ihre Vertretung war kein Geringerer als Marcel Reich-Ranicki, der scheinbar extra für diese eine Show wiederauferstanden war. Ich saß ihm gegenüber. Zwischen uns, mit ernster Miene und die Beine übereinandergeschlagen, blickten Thomas Bernhard und Rainer Werner Fassbinder in die Kamera. Obwohl ich mir bewusst war, dass ich von Toten umgeben war, beeindruckte mich diese Tatsache überhaupt nicht. Es kam mir vor wie das Normalste auf der Welt. Fassbinder trug ein schwarzes Hemd, das fast bis zum Bauchnabel aufgeknöpft war. Ihn umgab eine Rauchwolke von der Zigarette, die er in der Hand hielt und deren Glut jede Sekunde abbrechen konnte. Bernhard sah extrem genervt aus. Wahrscheinlich fragte er sich, was er hier überhaupt sollte. Dann ergriff Reich-Ranicki das Wort. Er begrüßte die Zuschauer. Ich sah ins Publikum. Eine Blondine mit kurzem Rock saß in der ersten Reihe. Sie schaute mir in die Augen und machte eine Geste mit ihren Händen, dass sie mir die Daumen drückte. Dann räusperte sich Reich-Ranicki und sagte, man wolle gleich mit dem Problemfall beginnen. Er griff neben sich und zog ein Buch hervor. Als er es in die Kamera hielt, erkannte ich meinen Namen auf dem Umschlag. Darunter stand der Titel meines Stücks. Seit wann wurden in dieser Sendung eigentlich Theaterstücke besprochen, fragte ich mich. Bernhard sah abfällig in meine Richtung. Fassbinder stierte vor sich aufs Parkett. Es wurde kurz über den Inhalt des Stücks gesprochen, bei dem es um einen jungen Mann ging, der desillusioniert durch die Stadt streift und allerhand merkwürdige Sachen erlebt. »Scheinbar ging es dem Autor gar nicht um eine Geschichte, nicht?«, fragte Bernhard und alle lachten. Aus dem Publikum kam vereinzelter Applaus. Fassbinder starrte unentwegt auf den Boden und rauchte. Dann legte Reich-Ranicki so richtig los. Er fragte mich direkt, was ich mir beim Schreiben überhaupt gedacht hatte, stellte meine Fähigkeit als Autor und im gleichen Atemzug die als Journalist infrage und schimpfte auf den Verlag, der sich erdreistet hatte, diesen Schund, wie er es nannte, zu publizieren. Ich wurde in meinem Sessel immer kleiner. Durch den Scheinwerfer über mir, der direkt und nur auf mich gerichtet war, wurde mir unendlich heiß. Ich zog ein Taschentuch aus meiner Hosentasche und wischte mir über die Stirn. »Einer, der denkt, er könnte das, nicht?« Wieso klangen eigentlich alle Aussagen von Bernhard wie Fragen? Immer dieses »nicht« am Ende. Das machte mich fertig. Plötzlich hob Fassbinder den Kopf und blickte in meine Richtung. Seine Augen waren zu derart kleinen Schlitzen zusammengekniffen, dass ich seine Iris nicht erkennen konnte. Auf dem Boden neben seinem linken Fuß lag ein Zigarettenstummel. »Es reicht noch nicht einmal für einen Film«, sagte er. Das gab mir den Rest. Dieses grelle Licht und dann noch Reich-Ranicki, der mich ansah, als wollte er aufstehen und mir eine runterhauen, wären da nicht die Kameras gewesen. Daneben Bernhard, bei dem es immer den

Anschein hatte, als schüttele er permanent den Kopf. Und dann Fassbinder, von dem ich mir nicht sicher war, ob er betrunken war oder ob das seinem normalen Zustand entsprach. Die Blicke der drei durchbohrten mich. Man erwartete eine Erklärung von mir, wie ich, der kleine Journalist aus dem noch kleineren Neunbrücken, mir einbilden konnte, ich könnte schreiben. Ich löste den Knoten meiner Krawatte, um besser Luft zu bekommen. Dabei warf ich einen hilfesuchenden Blick ins Publikum. Die Frau war verschwunden. Hinter ihrem Platz saß mein Vater. Er trug seine blaue Latzhose und lächelte zufrieden. Fassbinder beugte sich zu mir herüber und tippte mit dem Zeigefinger auf meinen Oberschenkel. »Vielleicht reicht es fürs Theater.« Dann änderte sich zum ersten Mal sein Gesichtsausdruck, er grinste. Seine Zähne waren gelb und der Flaum über seinem Mund ging übergangslos in die Nasenhaare über. Ich sah zu Reich-Ranicki, der mein Buch zu Boden fallen ließ und von dem Stapel neben sich das nächste nahm. Bernhard atmete tief durch und beobachtete Fassbinder, der nun neben mir kniete und mich von unten herauf ansah. »Lass ihn doch. Er weiß es eben nicht besser, nicht?« Fassbinder stimmte ihm zu, stand auf und setzte sich zurück auf seinen Stuhl. »Ich verstehe wirklich nicht, was Sie sich dabei gedacht haben, junger Mann«, flüsterte Reich-Ranicki. So, dass es außer uns vieren niemand hören konnte. Dann hielt er das nächste Buch in die Kamera. Es war der Duden. Bernhard wandte sich Fassbinder zu: »Grandios, nicht?« Und Fassbinder antwortete: »Genial.« Dann wachte ich auf.

Soviel also zu meinen seltsamen Träumen. Auf den ersten Blick mag das jetzt vielleicht witzig rüberkommen, aber glauben Sie mir, diese Bilder beschäftigen mich noch heute. Ich würde fast sagen, es war ein Albtraum.

Laute Stimmen und Stühlerücken weckten mich. Es dauerte ein paar Sekunden, bis ich realisiert hatte, wo ich war. Dann sah ich Paul, der vor der Tür stand, bereit zum Gehen. Als er mich sah, hob er die Hand und sagte: »Viel Glück.« Damals dachte ich, das gelte der Arbeit am Theaterstück. Heute bin ich mir sicher, dass es auf die Zusammenarbeit mit Dull bezogen war. Dieser saß am Tisch, trank einen Kaffee und blätterte in ein paar Unterlagen. Er trug einen blauen Morgenmantel. Seine Frisur war zerzaust und mit den grauen Bartstoppeln in seinem Gesicht sah er aus, als hätte er seit Tagen nicht mehr richtig geschlafen. Als er mich sah, lächelte er. »Lessmann, guten Morgen. Auch schon wach?«

Paul verabschiedete sich, und als die Tür hinter ihm ins Schloss fiel und ich mit Dull alleine war, fühlte ich mich eher bescheiden. Ich war aufgeregt. Schließlich war ich allein in dieser Stadt bei einer Person, die ich noch nicht einmal vierundzwanzig Stunden lang kannte. Ich stand auf und setzte mich zu ihm an den Tisch.

»Guten Morgen. Wie ich sehe, liest du mein Stück?«

»Ich war mal so frei. Wir müssen ein paar Passagen extremer gestalten. Und bei einem Punkt weiß ich nicht so ganz, worauf du hinauswillst. Aber das kriegen wir hin. Wir überarbeiten erst einmal das hier und dann schreiben wir weiter. Einverstanden?«

Im Gegensatz zu seinem gestrigen Auftreten wirkte er an diesem Morgen freundlich und gesittet. Auch der schroffe Ton seiner Stimme war einer fast schon beruhigenden Klangfarbe gewichen.

»Klingt gut«, sagte ich. »Meinst du extremer von der Wortwahl her oder vom Bild?«

»Beides. Die kulturellen Köpfe dieses Landes brauchen einen Schuss vor den Bug, wenn du weißt, was ich meine. Ich weiß ja gar nicht, ob ich den Ausdruck Kultur überhaupt noch verwenden sollte in diesem Land. Seit Schlingensief tot ist, ist die darstellende Kunst sterbenslangweilig geworden. Wäre er nicht gestorben, die ganze Kultur wäre eine andere. Da, schon wieder dieses Wort. Vielleicht sollten wir erst mal einen neuen Begriff erfinden für das, was wir hier erschaffen.«

»Kultur 2.0«, sagte ich spontan. Es war mehr als Scherz gemeint. Ich war noch nicht richtig wach. »Aber ich denke, bevor wir eine neue Form erschaffen, sollten wir das Stück erst mal beenden. Ich möchte einfach, dass die Zuschauer das Theater verlassen und sich selbst auch ein Stück weit hinterfragen.«

Dull war skeptisch, das erkannte ich sofort an seinem Blick. Zwischen den Augenbrauen hatte sich eine Falte gebildet und er schürzte die Lippen. »Und das willst du mit dieser Geschichte erreichen?«

Ich erklärte ihm, dass ich die Selbstironie in den Vordergrund stellen wollte, ohne die Gesellschaftskritik dabei zu vernachlässigen. Und ja, mit dieser Geschichte.

»Okay, dann haben wir einiges an Arbeit vor uns. Versteh mich nicht falsch, der Ansatz ist gut. Aber zum Beispiel deine Dialoge, Herrgott, die müssen das Salz in der Suppe sein, verstehst du? Die sind aber viel zu lahm.«

Die Szene hatte etwas Eigenartiges. Mir gegenüber saß ein Mann, der mir erklärte, wie ich schreiben sollte. Jedoch sah er aus wie einer jener heruntergekommenen Intellektuellen, wie man sie aus Filmen kannte, wenn sie die besten Jahre hinter sich hatten, der Körper langsamer war als der Geist, jener Geist aber eben noch einige Überraschungen und gute Gedanken in der Hinterhand hatte. So sah Dull aus. Wie ein defektes Genie. »Tut mir leid. Das hat mir schon einmal jemand gesagt. Ich kann mit dieser Aussage nichts anfangen. Wie mache ich es besser?« Bestimmt hielt er mich nun für einen Idioten.

Statt mir zu antworten, begann er zu husten. Er beruhigte sich erst nach einer Minute wieder. Dann zündete er sich eine Vanillezigarre an. »Du siehst die Dinge. Aber du kannst sie nicht richtig beschreiben, du kannst sie nicht einordnen. Dir fehlen die Zusammenhänge. Um tiefer reingehen zu können, musst du dich auf das einlassen, was du siehst. Du musst mit offenen Augen durchs Leben gehen und auch die absurden Gedanken zulassen. Die Kunst besteht darin, Dialoge genauso zu schreiben, wie die Leute sprechen.«

Ich bekam eine Ahnung davon, was er meinte, stand aber immer noch größtenteils auf dem Schlauch. »Und wie stelle ich das an?«

Er zog an seiner Zigarre und blies den Rauch zwischen uns. Ich sah ihm nach, wie er nach oben zur Lampe stieg und dort scheinbar in die Glühbirne eindrang. »Ich helfe dir dabei. Das geht nicht von heute auf morgen. Aber es geht. Wenn die Grundvoraussetzungen gegeben sind. Ohne Talent hat das keinen Zweck.«

»Verstehe.«

Ich denke, er spürte meine sich anbahnende Niedergeschlagenheit. Seine folgenden Sätze klangen aufmunternder: »Aber du hast Talent. Ich erkenne da einen Rohdiamanten, den es zu schleifen gilt. Du und ich, wir werden das Kind schon schaukeln und auf die Bühne bringen. Du musst nur etwas aus deinem Talent machen. Es kann nicht sein, dass du endest wie Lars Ricken, weißt du, was ich meine?«

»Lars wer? Was hat der geschrieben?«

»Der hat nichts geschrieben. Er war ein Fußballer. Der Prototyp des ewigen Talents. Mit 18 hochgejubelt und irgendwann war er 34 und unvollendet. Weißt du, worauf ich hinauswill?«

»Ja. Ich denke schon.«

Dull steckte seine Zigarre in die Aussparung des Aschenbechers. Er atmete tief durch, dann schlug er mit der Faust auf den Tisch. »Du denkst schon?«, brüllte er. »Sieh mich an und sag mir, dass du nicht wie Lars Ricken enden willst!«

»Ich will nicht enden wie Lars Ricken«, wiederholte ich gehorsam.

»Gut so.« Er griff wieder zu seiner Zigarre und nahm einen Zug. »Trinkst du ausreichend?«

»Nicht immer. Zwei Liter Wasser am Tag schaffe ich selten.«

»Ich meine Wein. Trinkst du ausreichend Wein? Gestern sah es nicht danach aus.«

»Selten.«

»Okay. Dann müssen wir da zuerst ansetzen. Es gibt zwei existenzielle Grundvoraussetzungen für einen guten Dramatiker. An erster Stelle steht immer die Präzision. Und an zweiter der Wein. Beides wirst du von mir lernen beziehungsweise bekommen. Wir schaffen das.« Diesen Satz beendete er, indem er die Faust ballte und revolutionär in Richtung Decke streckte.

Ich hatte den Eindruck, dass Dull sich in der Rolle des Mentors gefiel. Auf einen Schlag saß er entspannt und zufrieden grinsend auf seinem Stuhl. Vielleicht war ich für ihn so etwas wie der Sohn, den er nie hatte. Vielleicht hatte er aber auch einen Sohn. Im Grunde wusste ich nichts von diesem Mann, der sich mir gegenüber mehr und mehr wie eine Vaterfigur präsentierte. Ich stellte mir vor, wie das aussehen würde in der Zukunft. Dull und ich als kongeniales Duo auf dem roten Teppich der Premiere. Hunderte, ach was, tausende Hände, die uns zujubelten, während wir die Bühne betraten, Minuten nachdem unser Stück zum ersten Mal aufgeführt worden war. In der Presse wäre die Rede vom aufgehenden Stern am deutschen Theaterhimmel. Lars Eidinger in der Hauptrolle, nominiert für alle wichtigen Preise des Landes. Eine Zeitung, vielleicht die *NNZ*, würde mein Werk als »Die Blaupause des subversiven neuen deutschen Theaters« betiteln und andere Journalisten würden diese Bezeichnung aufgreifen. Dull würde sich in den Hintergrund zurückziehen und mir das Feld überlassen, weil die Arbeit seiner Meinung nach getan war. In Interviews würde er sich als meinen Mentor bezeichnen, der allerdings nur an ein paar Stellschrauben drehen musste, denn ich sei von Geburt an mit einem Talent gesegnet, das man nicht erlernen konnte, nur formen. Die *New York Times* würde ein Porträt über mich mit dem Titel »The German God Of Avantgarde«

veröffentlichen. Ich wäre ganz oben angekommen. Alles nur durch einen Zufall, weil ich zur richtigen Zeit am richtigen Ort gewesen war und, selbstverständlich, das Richtige getan hatte. Im Geiste hob ich mein Glas und prostete meinem alten Nachbarn Herrn Matuschek dankend zu.

»Lessmann? Hallo?« Dull wedelte mit der Hand, in der er die Zigarre hielt, vor meinem Gesicht herum. Es sah aus, als schwenkte er ein Turibulum. »Was war das denn eben?«

»Ich war nur in Gedanken«, sagte ich.

»Hast du das öfter?«

»Ab und zu.«

»Du weißt, dass du dabei auf einen Punkt am Boden starrst und die Lippen bewegst?«

»Nein, das hat mir noch keiner gesagt.«

»Sieht ziemlich strange aus, wenn du mich fragst.«

Nachdem Dull fertig geraucht hatte, zogen wir uns ordentliche Kleidung an und frühstückten in einem Café zwei Straßen weiter. Wir nahmen meine Aufzeichnungen mit und diskutierten über einzelne Szenen, während wir Croissants aßen. Einige Stellen schrieben wir noch im Café um. An andere setzten wir Randbemerkungen, damit wir sie später bearbeiten konnten. Ich wusste nicht, was mich noch erwartete, doch ich fand Gefallen an dieser Aufbruchsstimmung. Daran hätte ich mich gewöhnen können. Ausschlafen, an dem Stück arbeiten, durch die Stadt streifen und Inspirationen sammeln und abends ein paar Gläser Wein gegen die jedem großen Künstler innewohnende Tristesse trinken. Die Vorstellung gefiel mir.

8

Mein neuer Freund zeigte mir »sein Berlin«, wie er es nannte. Erst gingen wir zur Schaubühne, wo er mich einigen Leuten vorstellte. Danach statteten wir der Volksbühne einen Besuch ab, wo ich den Intendanten kennenlernte, der mich musterte, seine Brille zurechtrückte und sagte: »Ich glaube, Sie sind ein Sensibelchen.« Er sagte tatsächlich »Sensibelchen«. Und das, obwohl wir nur zehn Minuten oder so miteinander gesprochen hatten. Da dachte ich zum ersten Mal daran, dass ich vielleicht auf Fremde nicht so wirkte, wie ich mir das vorstellte, beziehungsweise ich nach außen hin ein anderes Bild abgab als das in meinem Inneren. Das war mir schon in der Jugend so ergangen. Ich galt allgemein als schüchtern und zurückhaltend. Vor allem der Umgang mit Älteren oder Fremden machte mir zu schaffen. Redete ich in meinem Freundeskreis gerne und viel, ohne der große Anführer zu sein, bekam ich kein Wort mehr heraus, sobald ein neues Gesicht dabei war. Es war wie verhext. Ich nehme an, Sie kennen solche Menschen aus eigener Erfahrung oder sind vielleicht selbst einer von dieser Sorte. Sicherlich gibt es einen Fachausdruck dafür. Heutzutage gibt es ja für alles eine Bezeichnung.

Allerdings weiß ich nicht, wie man diesen Zustand beschreiben sollte. Vielleicht Fremdverschluss? Ich habe keine Ahnung. Aber das spielt jetzt auch keine entscheidende Rolle. Ich wollte nur, dass Sie ein korrektes Bild von mir bekommen, wo ich doch sowieso wenig rede. Aber das wird Ihnen bestimmt schon aufgefallen sein.

Nachmittags aßen wir in einer Pizzeria in Kreuzberg. Das Lokal befand sich in einem Eckhaus, und ich erinnere mich, dass ich den spartanischen Stil sehr angenehm fand. Die Inneneinrichtung beschränkte sich aufs Wesentliche. Wir saßen an einem einfachen Holztisch, auf dem ein rot-weiß kariertes Tischtuch lag. Die Schürze des Kellners war an den Rändern dreckig vom vielen Abwischen seiner Hände. Im Hintergrund lief melancholische italienische Musik, die mich an den Soundtrack des Films *Der Pate* erinnerte. Einer meiner Lieblingsfilme. Die Wände waren unverputzt, die roten Backsteine erweckten den Anschein, man stecke mitten in einer Renovierung. Meiner Erfahrung nach waren die Restaurants, die beim Ambiente sparten, die mit der höchsten Qualität beim Essen. Und darauf kommt es doch an, oder? Ich fand, dass Restaurants, die übertrieben viel Liebe zum Detail auf die Inneneinrichtung verschwendeten, über die Mängel der Speisen hinwegzutäuschen versuchten. Nennen Sie mich ruhig einen Besserwisser. Aber ich bin davon überzeugt, wenn Sie einmal kurz innehalten und an Ihr Lieblingsrestaurant denken, werden Sie meine These bestätigen.

Dull bestellte eine Flasche Rotwein für uns beide. Den Kellner sprach er mit Vornamen an. Ich glaube, er hieß Tommaso oder so ähnlich. »Kommst du öfter hierher?« Die Antwort auf meine Frage hätte ich mir denken können. Denn nicht nur der Kellner redete mit Dull, als würden sich die beiden schon seit Ewigkeiten kennen, auch aus der Küche heraus schaute ein Mann und grüßte in unsere Richtung.

»Mindestens einmal die Woche«, sagte Dull.

»Nicht schlecht. Aber da weiß ich wenigstens, dass du mich nicht vergiften willst.« Das sollte witzig sein und war mir eine Sekunde später schon wieder peinlich.

»Wo hast du eigentlich diesen gequälten Humor her? Schaust du viel Fernsehen?«

»Tut mir leid. Ähm, nun ja, was heißt viel? Jeden Abend, würde ich sagen.«

Dull schlug wieder mit der Faust auf den Tisch, so wie er es am Vormittag schon gemacht hatte. »Verflucht, hör endlich auf, dich ständig zu entschuldigen! Wie willst du denn mit Selbstvertrauen und ohne Gewissensbisse ein Drama schreiben, wenn du dir ständig in die Hosen machst?«

»Okay, tut mir … habe verstanden. Weißt du, ich bin dankbar für die Chance, die ich hier bekomme, und will einfach keine Fehler machen oder einen schlechten Eindruck.«

Der Kellner kam zurück. In der linken Hand hielt er die Weinflasche und in der rechten zwei Gläser. Er stellte die Gläser ab und zeigte Dull das Etikett der Flasche. Dabei grinste er. Dull verdrehte die Augen und gab ihm zu verstehen, dass er einschenken sollte. Der Auftritt wirkte auf mich wie eine Parodie. Wenn Dull regelmäßig in diesem Lokal aß, dann trank er vermutlich auch immer den gleichen Wein. Ich schätzte ihn nicht als einen Mann ein, der experimentierfreudig war oder sich auf Kompromisse einließ. Tommaso entkorkte den Wein und goss unsere Gläser zu einem Drittel voll. Dull erklärte ihm, dass er »das Übliche« nehme und »das Ganze bitte zweimal, für mich und meinen Freund«. Vielleicht bin ich wirklich zu weich für diese Welt, dachte ich. Aber immerhin nannte mich Dull seinen Freund, und das gab mir das Gefühl, nicht ganz chancenlos zu sein bei meinem Versuch, meinen Traum zu verwirklichen. Aber dafür musste ich mehr aus mir heraus gehen, das war mir klar. Ich musste mein Leben ändern. Nur mit einer Luftveränderung war es nicht getan. Ein Einfach-so-Weitermachen konnte es unmöglich geben. Ich saß in einer der aufregendsten Städte der Welt und war drauf und dran, mit einem der extravagantesten Regisseure ein Theaterstück zu schreiben, weil eben genau dieser Mann etwas in mir sah. Es war an der Zeit, aus meinem Schneckenhaus herauszukriechen. Das wollte ich Dull so sagen, und zwar mit jeder Silbe genau so. Aber er ließ mich nicht zu Wort kommen. Er nahm einen Schluck Wein und legte los:

»Weißt du, Lessmann, der Mensch ist ein Gewohnheitstier. Er sieht es nicht gerne, wenn etwas anders ist, wenn etwas nicht der Norm entspricht oder sich entgegen jeder Routine verhält. Das ist Fakt. Aber im Theater, in der Kunst geht es genau darum. Wir sind da, um den Finger in die Wunde zu legen, vielmehr noch, um diesen ganzen Weichspülern da draußen den Spiegel vorzuhalten, damit sie erkennen, dass ein Nullachtfünfzehn-Leben niemals auch nur ansatzweise die Norm sein kann. Und ich sage dir auch, warum. Weil wir nicht dazu gemacht sind, uns in Ketten legen zu lassen. Der Großteil der Menschen da draußen lebt in einem imaginären Käfig, und das Schlimme daran ist, dass sie sich dessen auch bewusst sind. Aber solange es keine Probleme gibt, bis auf die alltäglichen Problemchen, die das Leben so mit sich bringt und die im Prinzip Lappalien sind im Vergleich zu anderen Katastrophen, halten sie brav ihren Mund. In der Kunst geht es darum, das Gehirn jedes Betrachters vor Aufgaben zu stellen. Verstehst du? Wir sind dazu da, Bilder zu erzeugen, die sich einbrennen. Das kann über Angst funktionieren oder über Ekel. Schau mich nicht so an, du weißt genau, wie ich das meine. Kennst du Schlingensief? Er hat sinngemäß einmal gesagt, dass es nicht darum geht zu provozieren, sondern Obsession sei das einzig Wichtige. Und so ist es. Wir müssen die Leute um uns herum prägen. Und du hast eine wunderbare Idee niedergeschrieben. Aber dieser Idee fehlt die Substanz. Und zwar aus dem Grund, weil du Angst hast. Weil du unterbewusst zu viel Mainstream verfolgst und dich deshalb nicht traust, das zu präsentieren, was deine Gedanken im Geheimen formen.«

Ich war sprachlos. Mein Gehirn unfähig, das gerade Gehörte auf die Schnelle in logische Bahnen zu lenken. Aber Mut, sagte ich mir, Mut ist das, was mir in den letzten Jahren abhandengekommen ist. Irgendwo zwischen Neunbrücken und der Nordsee, zwischen meiner Wohnung und der *NNZ* hatte ich die Werte, mit denen ich ins Berufsleben getreten war, verloren. Jede Silbe aus Dulls Standpauke traf genau meinen Nerv. »Du hast Recht. Ich lebe mit angezogener Handbremse. Scheiße, verdammt.«

Und zum ersten Mal sah ich Dull herzhaft lachen. Sein Oberkörper vibrierte und seine gekräuselten Brusthaare, die durch das aufgeknöpfte Hemd hervorschauten, zitterten im Takt. Tommaso kam und stellte zwei Teller mit jeweils drei Bruschetta vor uns ab. Dull griff sich eines der Brote und biss die Hälfte ab. Tomatenstücke fielen vor ihm auf die Tischdecke. »Ich glaube, du hast es kapiert, mein Freund. Das wird schon. Rom wurde ja auch nicht an einem Tag erbaut, nicht wahr Tommaso?«

»Sì, Signor Dull«, antwortete er.

»Früher fand ich die Castorf-Stücke an der Volksbühne immer super. Die hatten eine ganz eigene Art. Eine Magie.«

Dull erwiderte nichts. Er kaute vor sich hin und sah mich prüfend an. Dieser Mann war ein Phänomen. Immer wenn ich dachte, ich könnte ihn einschätzen, zeigte er einen Wesenszug, der mich das Gegenteil glauben ließ. Kein Wunder, dass mein Gemüt vor Unsicherheit triefte.

»Hast recht«, nuschelte er. Dann griff er sich die nächste Bruschetta.

»Wie ist dieser Intendant der Volksbühne denn so?«, fragte ich.

»Dieser Dünnbrettbohrer? Der wird es nicht schaffen. Ich gebe ihm noch zwei Monate, drei, wenn's hochkommt. Dann hisst er die weiße Flagge.«

»Wie kommst du darauf? Auf mich wirkte er sehr souverän.«

»Das war Show. Der wollte nur angeben. In Wirklichkeit ist er ein Weichei. Denk an meine Worte. In spätestens einem Vierteljahr ist Schicht im Schacht.«

Tommaso war mittlerweile hinter die Theke zurückgekehrt. Da Dull und ich die einzigen Gäste waren, konnte er es sich leisten, sein Handy aus der Tasche zu holen und darauf herumzutippen. Ich stellte mir vor, wie er seiner hochschwangeren Frau schrieb, dass wieder dieser verrückte Regisseur da war und dieses Mal sogar einen Novizen dabeihatte. Warum ich mir seine Frau als Schwangere vorstellte, weiß ich nicht.

»Hast du je das Essay von Sun Li gelesen?« Mit der letzten Silbe verschwand das restliche Stück Brot in Dulls Mund. Noch während er kaute, redete er weiter: »An einer Stelle spricht sie von der Kunst der Kultur. Sie sagt ›Kunst ist nur dann interessant, wenn man am liebsten wegschauen möchte‹. Denk mal darüber nach.«

»Das werde ich. Aber um noch mal auf Schlingensief zurückzukommen: Ich habe mir damals die Doku über den Container in Wien angesehen. Das fand ich beeindruckend. Das ist für mich Aktionskunst in höchster Vollendung.«

»Sicher. Absolut. Wir schauen uns heute Abend einen Film von ihm an – *von* ihm, nicht *über* ihn. Da kannst du dir mal ansehen, was ich meine. Und in den nächsten Tagen gehen wir beide auf einen Streifzug und schreiben dabei an unserem Stück. An deinem Stück. Ich habe schon ein paar gute Ideen für die Inszenierung. Glaub mir, das wird eine große Sache. Tommaso! Bring noch eine Flasche!«

»Natürlich glaube ich dir. Was soll ich denn sonst machen?«

Der Hauptgang bestand aus Tagliatelle mit Rinderhüftstreifen an einer Rahmsoße mit frischem Brokkoli. Anschließend aß jeder von uns noch ein Tiramisu.

Ich war zwar schon satt, wollte aber nicht unhöflich sein, wo ich doch gerade das Gefühl hatte, dass Dull mich ziemlich gut leiden konnte. Den restlichen Tag verbrachten wir mit einer Mischung aus Sightseeing und Brainstorming. Wenn wir uns nicht gerade Schauplätze wie den Selbstmörderfriedhof und dort speziell das Grab von Christa Päffgen ansahen, hockten wir in irgendeinem Café und diskutierten über den Plot. Dull wollte es spektakulär inszenieren. Es sollte Blut fließen und sehr viel herumgeschrien werden. Ich war eher etwas defensiver, aber einige Ideen fand ich sehr ansprechend. Zum Beispiel gefiel mir der Vorschlag, die Familienoberhäupter als Mitglieder einer christlich-demokratischen Partei darzustellen. Ungefähr bei der Hälfte des Stücks wollten wir sie dann aussteigen und eine eigene Partei gründen lassen. Das gab uns die Möglichkeit, ohne Rücksicht auf real existierende Formen ein Parteiprogramm zu verfassen, das perfekt auf die Situation zugeschnitten war. Ich glaube, ich war in den gesamten drei Monaten davor nicht so effektiv gewesen, was das Schreiben und Ideenentwickeln anging, wie an diesem einen Tag in Berlin. Dabei verging die Zeit wie im Flug.

Erst gegen einundzwanzig Uhr waren wir wieder zu Hause. Und jetzt, wo ich diesen Ausdruck verwende, muss ich sogar ein bisschen schmunzeln. Es ist doch bemerkenswert, wie schnell man sich an einen Zustand gewöhnen kann. Ich war noch keine achtundvierzig Stunden in Berlin, kannte Dull genauso kurz, und doch empfand ich ein tiefes Gefühl der Geborgenheit, als das Taxi vor dem Wohnhaus hielt. Dull gab dem Fahrer großzügig Trinkgeld und wir gingen rein.

In der Wohnung angekommen, warf Dull seine Jacke neben der Garderobe auf den Fußboden und lief entschlossen zum Kühlschrank. Ich hob die Jacke auf und hängte sie zu meiner an den Haken. Dann fragte ich ihn, welchen Film wir nun schauen würden.

»*Terror 2000 – Intensivstation Deutschland*«, kam es hinter der offenen Kühlschranktür hervor. Kurz danach wurde eine Flasche Wein entkorkt. Anschließend starteten wir auf dem Tablet den Film. Dull stellte die Flasche zwischen uns aufs Sofa und drückte auf Play. In den folgenden neunundsiebzig Minuten leerten wir zusammen zwei Flaschen Wein, und immer wieder stoppte Dull den Film, um mir einige Szenen näherzubringen und zu sagen, was Schlingensief aus seiner Sicht damit bezwecken wollte.

Ich spare mir Ausführungen über den weiteren Verlauf des Abends. Glauben Sie mir, es würde eh nichts bringen. Irgendwann schlief ich betrunken auf dem Sofa ein, die Bilder des Films vor Augen. Erst in der Nacht, im Zustand des Halbwahns, einer Mischung aus Trunkenheit und Erschöpfung, verarbeitete mein Gehirn das Gesehene.

9

Ich wachte mitten in der Nacht auf, weil mir dieser Film nicht mehr aus dem Kopf ging. Immer wieder sah ich Udo Kier, wie er als Pfarrer verkleidet und mit einer Waffe im Mund die Menschen quälte. Oder den Motorradfahrer, der sein Gesicht an Helmut Kohl verlor. All diese Eindrücke waren unglaublich. Ich setzte mich auf und griff nach der Wasserflasche, die ich in weiser Voraussicht neben dem Sofa abgestellt hatte, kurz bevor ich eingenickt war. Die Message des Films leuchtete mir ein. Das Nazi-Problem der Deutschen sollte auf schockierende Weise dargestellt werden. Aber die ganzen Nebenschauplätze! Zum Beispiel die Wunderheilerin, das ergab auf den ersten Blick keinerlei Sinn für mich. Das Wasser schmeckte grauenhaft. Abgestanden. Ohne Kohlensäure. Ich legte mich wieder hin. Dieses Mal erschien mir Alfred Edel, wie er aus dem Fenster mit einem Gewehr auf die Leute schoss. Bei dieser Einstellung hatte ich gelacht. Genau wie in zwei oder drei anderen Szenen. Ich begann mich zu fragen, was das wohl über meinen Charakter aussagte. Oder anders formuliert: Was stimmte nicht mit mir? Dieser Streifen ließ mir keine Ruhe. Man konnte die Augen gar nicht vom Bildschirm abwenden. Ständig floss Blut oder es wurde geschrien. Überhaupt wurde immer geschrien. Es blieb keine Zeit zum Luftholen. Es war wie ein Verkehrsunfall, bei dem man wegsehen wollte, aber nicht konnte. Da dämmerte mir allmählich die Idee, die hinter all dem steckte. Schockierende Bilder erzeugen, die sich einbrannten. Damit sie am Ende zum Nachdenken anregten. Mein Hals war staubtrocken. Erneut griff ich nach der Flasche. Erneut schmeckte das Wasser nach nichts. Da fiel mir der Bruder der im Film ermordeten Familie ein. Als man ihm die Nachricht überbrachte vom Tod seiner Liebsten, stand er auf und begann zu singen. Auch da hatte ich gelacht. Ich nahm mir vor, am nächsten Morgen das Lied zu googeln. Natürlich vergaß ich es.

Als ich die Augen wieder öffnete, war es draußen bereits hell. Die Morgensonne schien zu den Fenstern herein. Ich ging ins Bad, dem einzigen separaten Raum der Wohnung, und duschte kalt und lange. Als ich wieder in den Wohnraum kam, saß Dull verkatert am Tisch. Vor ihm lagen ein paar Magazine. Er sah noch schlimmer aus als am Vortag. Wir frühstückten. Danach erklärte er mir, dass ich den Tag allein verbringen würde. Er habe zu tun. Außerdem erklärte er mir, dass es wichtig sei, die Stadt auch einmal ohne ihn zu erkunden. Er sagte so etwas wie »Nichts ist einprägsamer als eine

Stadt, gesehen durch die Augen eines Blinden«. Was er damit meinte, war mir nicht ganz klar. Aber ich vermutete, dass mit dem Blinden ich gemeint war. Es würde mir guttun, den Zauber einer Großstadt in mich aufzusaugen. Dazu musste man allein sein, gab er mir zu verstehen. Das war die offizielle Begründung. Die Wahrheit war wohl, dass er Zeit für sich brauchte, um sich zu vergnügen. Als er nämlich nach dem Frühstück im Bad verschwand, sah ich, dass bei den Magazinen die Seiten mit den Escort-Annoncen aufgeschlagen waren. Drei Inserate waren unterstrichen. Ich nahm es ihm nicht übel. Im Gegenteil, ich freute mich auf einen Tag ganz für mich allein.

Zuerst fuhr ich mit der Bahn nach Mitte, genauer gesagt zum Alexanderplatz. Ich wollte die Weltzeituhr sehen. Und ja, ich bin mir des Touristenklischees dieser Aktion bewusst. Als ich vor der Attraktion stand, fing ich an, die Menschen um mich herum zu beobachten. Genervte Männer, die ihre Frauen oder Freundinnen in unterschiedlichsten Posen vor der Uhr ablichten mussten. Nach einigen Schnappschüssen wurden die Fotos dem kritischen Blick der Fotografierten unterzogen, die daraufhin erneut, dieses Mal in anderer Verrenkung, posierten. Mit jeder Korrektur verfinsterte sich die Miene der Männer. Ich setzte mich auf einen Absatz aus Beton, der zum Eingang der U-Bahn-Station gehörte. Von dort aus hatte ich einen besseren Überblick. Neben mir tauchte ein junges Mädchen auf. Sie zog ihr Handy aus der Arschtasche ihrer Jeans und fotografierte die Uhr. Eine Freundin kam dazu und gab ihr Tipps, wie sie das Bild bearbeiten sollte. Sie diskutierten über mögliche Filter. Dann riefen beide gleichzeitig und mit schrillen Stimmen: »Instaaaaaaaaa!«

Da fiel mir plötzlich etwas ein. Als ich noch bei der *NNZ* gearbeitet hatte, kam eines Tages der Praktikant in die Küche. Ich lehnte gerade am Tisch und genoss meinen Kaffee, zusammen mit drei meiner Kollegen. Der Praktikant, der immer aussah, als wäre er gerade auf einem Festival aus dem Zelt gekrochen, fragte in die Runde, ob wir Instagram nutzen würden. Außer mir sagten alle ja. Thomas mit seiner großen Klappe schob sogar noch hinterher: »Ich bitte dich. Wer hat das bitte schön nicht?« Ich trank meinen Kaffee und ging zurück an meinen Platz. Ich hatte das nicht. Bitte schön.

Seit ich in Berlin war, hatte ich kaum aufs Handy geschaut. Wozu auch? Mich rief sowieso niemand an. Hätte ich mir eingebildet, ehemalige Arbeitskollegen würden sich melden und mir ihr Beileid aussprechen wegen meines Jobverlusts, hätte ich mir ja selbst in die Tasche gelogen. Nicht in dieser Branche. Nicht in diesem Leben. Ich saß also dort und schaute auf die Weltzeituhr. Dann griff ich nach meinem Handy und installierte Instagram. Vielleicht könnte ich ja, wenn ich später eine Berühmtheit wäre, Bilder von meiner

Arbeit posten. Bestimmt würde das einige Leute interessieren. Die Registrierung verlief herrlich unkompliziert. Ich tippte als Benutzernamen @leif_lessmann323 ein, löschte es aber sofort wieder. Es war zu banal. Letztendlich entschied ich mich für @mrsouffleur, eine Anspielung auf einen Satz, den ich zu Stella gesagt hatte, als in mir der Entschluss reifte, ein Theaterstück zu schreiben: »Ich bin der Souffleur der Herzen.« Stella hatte gelacht. Als Profilbild nahm ich eines der älteren Urlaubsbilder von mir, auf denen ich nicht ganz so übergewichtig aussah. Damit war es auch schon vollbracht. Noch ein paar Bestätigungen und es konnte losgehen. Mein erstes Bild wurde dann eben jene Touristenattraktion auf dem Alex. Ich verstand den Post natürlich als Seitenhieb auf die Touristen, die immer die gleichen Orte ansteuerten und dort die gleichen Bilder von den immer gleichen Schauplätzen machten und veröffentlichten. Während ich dort rumhockte, gefiel ich mir in der Rolle des heimlichen Anprangerers. Als Beschreibung unter dem Foto platzierte ich lediglich das Hashtag *#neuland*.
   Die Revolution konnte beginnen.

Ich lief quer durch die Stadt. Weil ich so viele Eindrücke wie möglich sammeln wollte, vermied ich es, mit der U-Bahn zu fahren. Schließlich wollte ich das Leben sehen und nicht irgendwelche Tunnel. In einem Straßencafé setzte ich mich in die Sonne und bestellte einen KiBa. Ich erwähne das ganz bewusst, damit auch alkoholfreie Getränke ihren Platz in meiner Geschichte finden. Da piepte mein Handy. Ein Ton, den ich so noch nie gehört hatte. Zuerst sah ich mich verwundert um. Da ich den Klingelton nicht kannte, war ich der Meinung, er käme von einem der anderen Gäste. Da aber niemand auf sein Handy sah, schien es tatsächlich meins gewesen zu sein. Ich zog es aus der Tasche, sah aufs Display und wusste für ein paar Sekunden nicht, was ich denken sollte. Dort stand Stellas Name. Dahinter war ein gelbes Herz. Auch das hatte ich noch nicht gelöscht. Zögernd entsperrte ich mein Telefon. Stellas Nachricht war kurz und beschränkte sich aufs Wesentliche: »Instagram?« Mehr war dort nicht zu lesen. Offensichtlich hatten die Kontakte in meinem Telefon eine Meldung bekommen, dass ich nun endlich auch in den sozialen Medien angekommen war. Ich stellte mir vor, wie auf den Bildschirmen der Leute aus meinem Telefonbuch die Benachrichtigung angezeigt wurde:

Leif Lessmann ist jetzt bei Instagram. Endlich hat er es auch gerafft. Lol

Oder so ähnlich. Jedenfalls hatte Stella Wind davon bekommen. Ich antwortete mit »Ja« und setzte den Smiley mit der Sonnenbrille dahinter. Es dauerte keine Minute, bis sie mir antwortete:

»Wie geht es dir? Was machst du in Berlin?«

Sie hatte also auch schon meinen Debüt-Post gesehen. Ich überlegte kurz, wie ich es formulieren könnte, entschied mich dann für die Wahrheit. Allerdings fasste ich mich sehr kurz. Vielleicht wollte ich Neugierde wecken.

»Habe meinen Job verloren. Arbeite jetzt mit einem Theaterregisseur an meinem Bühnenstück. Grüße aus der Hauptstadt.«

Den letzten Satz löschte ich wieder und schrieb stattdessen: »Lebe jetzt meinen Traum.«

Wieder verging keine Minute, bis ich eine Reaktion bekam.

»Wow. Das musst du mir einmal in Ruhe erklären. Ich komme auch bald in die City. Vielleicht wollen wir uns dann treffen? 😊«

So war das mit den Frauen in meinem Leben. Ich schien dem weiblichen Geschlecht das Gefühl zu geben, als stünde ich immer parat, wenn die Dame etwas wollte. Der Smiley am Ende der Nachricht zielte doch genau darauf ab. Ich war eine Marionette im Kosmos der femininen Überlegenheit. Das klingt, als degradierte ich mich selbst, aber es ist die Wahrheit. Mein Verhältnis zu Frauen war seit jeher ein eher devotes. Mein Gott, das klingt ja noch mehr nach Weichei. Ach, vergessen Sie es einfach. Belassen wir es dabei, dass mich Stella mit dieser Nachricht am Haken hatte. Punkt.

Deshalb schrieb ich: »Sehr gerne. Würde mich freuen.« Doch als ich die Nachricht absenden wollte, lief ein älteres

Paar vorbei. Beide so Ende fünfzig, schätzte ich. Keine Ahnung, was der Mann Falsches gesagt hatte. Aber die Frau warf die Einkaufstaschen zu Boden, sah ihn entgeistert an, und im nächsten Moment begann sie sich selbst zu ohrfeigen. Kein Witz. Es ist wirklich so passiert. Der Mann stand völlig verdutzt da, mit dem Aldi-Beutel in der Hand, und ließ sich von seiner Frau herunterputzen. Während sie sich selbst eine nach der anderen schmierte, beschimpfte sie ihren Partner aufs Übelste. Ich bin mir nicht sicher, was sie mit dieser Geste bezwecken wollte. Außer abfälligen Blicken erntete sie keine Reaktionen der Passanten. Und ihr Mann ließ alles über sich ergehen. Nach etwa einer Minute war sie fertig, hatte genug Hasstiraden auf den armen Kerl abgefeuert. Sie schnappte sich wieder ihre Taschen und ging voran. Und er trabte hinter ihr her, den Blick auf den Boden gesenkt und mit rotem Kopf.

Ich löschte meine Nachricht und tippte stattdessen: »Können wir machen. Ich schaue mal, wie ich Zeit habe.« Ohne Smiley. Vielleicht etwas zu kühl, dachte ich. Aber hey, sie hatte mich ja betrogen. Ich drückte auf »Senden«. Danach fiel mir ein, was ich stattdessen hätte antworten sollen: »Gerne. Aber dieses Mal ohne Garnelen und Jever. Du hast ja schon ein Kind.« Das wäre die verdiente Breitseite gewesen. Aber es kam wie immer zu spät. Ich wäre ein rhetorischer Gott, würde mein Gehirn nur schnell genug schalten und dann binnen Millisekunden die Daten an den Mund senden.

Stella antwortete mir, dass sie sich melden würde, und dann war der Dialog beendet. Ich trank aus, bezahlte und ging weiter meines Weges, der kein festes Ziel hatte. Dabei pfiff ich ein Lied von Roland Kaiser. Es war mir überhaupt nicht peinlich. Die Anonymität der Weltstadt verschluckte mich.

10

Mein literarisches Schaffen baut auf einem Ereignis aus meiner Schulzeit auf. Wir bekamen von unserer Deutschlehrerin die Aufgabe, während der Ferien einen Aufsatz über unseren Sommerurlaub zu schreiben. Meine Eltern hatten einen Badeurlaub in Griechenland gebucht, was den Spannungsbogen meines Aufsatzes natürlich erheblich einschränkte. Zwei Wochen würden wir ausschließlich am Meer verbringen. Mein Vater würde seine Automagazine lesen, die sich in den letzten Monaten daheim auf dem Küchenschrank gestapelt hatten, was dazu führte, dass er im Juli einen Testbericht über ein Auto las, das bereits seit einem Vierteljahr auf dem Markt war. Meine Mutter hingegen lag in der Sonne. Ab und an versuchte sie sich an Kreuzworträtseln. Wenn sie nicht mehr weiterkam, durfte ich mein Glück versuchen. Aber meistens blieben nur die Kästchen übrig, die ich ebenfalls nicht ausfüllen konnte. Ich sah es genau vor mir. Meine Lehrerin würde meinen Aufsatz in der Luft zerreißen und ich würde zum Gespött der Klasse werden. Allerdings schien der liebe Gott ein Einsehen mit mir zu haben. Denn am sechsten Urlaubstag offenbarten mir meine Eltern plötzlich, dass wir einen

Auslug machen würden. Eine Busfahrt. Zu irgendeiner antiken Stadt. Wir stiegen in den Bus, und schon da merkte ich, dass mit dem Busfahrer etwas nicht stimmte. Ohne auch nur einmal einem der Gäste in die Augen zu sehen, saß er auf seinem Fahrersitz. Sein Blick ging stur geradeaus. Er trug ein himmelblaues Polohemd, den Kragen machomäßig nach oben geschlagen, und eine schwarze Sonnenbrille verdeckte die, wie ich mir ausmalte, blutunterlaufenen Augen. Wir fuhren in diese von Touristen überlaufene Stadt. Es war scheißlangweilig. Aber ich hatte mein Notizheft dabei, und aus irgendeinem Grund, wahrscheinlich einer göttlichen Eingebung oder so, notierte ich mir das Aussehen und Verhalten des Busfahrers. Auf der Rückfahrt hielten wir an, um zu essen. Und da passierte es.

Meine Eltern saßen mir am Tisch gegenüber, und wenn ich zwischen den beiden hindurchsah, hatte ich freie Sicht auf den Fahrer. Er saß alleine an einem runden Tisch und trank ein Glas Rotwein. Mitten in der Sonne. Am hellichten Tag. Das war für mich ein Unding. Nicht wegen des Trinkens an sich, sondern wegen der Tageszeit und der Tatsache, dass dieser Mann noch dreißig oder mehr Menschen durch enge Gassen chauffieren musste. Trotzdem sagte ich vorerst nichts. Ich behielt meine Beobachtung für mich. In meinem Kopf spielten sich ein Dutzend Szenen ab, wie es weitergehen würde, wenn ich empört auf den Fahrer zeigen würde. Von einem Sitzstreik des Rentnerehepaars vom Nachbartisch bis hin zu einem anrückenden Polizeiaufgebot, das den Fahrer in Handschellen abführte, war alles dabei. Ich war müde und wollte nur noch zurück ins Hotel. Also hielt ich meine Klappe und stieg, wenn auch etwas ängstlich, in den Bus.

Als wir wieder am Hotel ankamen, küsste ich den sandigen Boden vor der Einfahrt. Meine Eltern beschlossen, an der Strandbar noch etwas zu trinken. Ich kam mit. Vater und Mutter tranken Wein, ich Diesel, eine grässliche Mixtur aus Cola und Bier. Ich weiß nicht, was ich damals daran fand. Jedenfalls diskutierten die beiden sehr angeregt über den Fahrstil des Busfahrers. Ich fand ihn nicht besonders schlimm, aber mein Vater regte sich fürchterlich darüber auf: »In der einen Kurve dachte ich, das war's! Wie kann man nur so fahren?«

Mutter stimmte ihm zu. Ich nippte an meinem Glas und erwähnte beiläufig, was ich beim Essen gesehen hatte. Vier verdutzte Augen sahen in meine Richtung. Meine Mutter fand als Erste ihre Sprache wieder: »Und da sagst du nichts? Ich wäre doch niemals wieder in diesen Bus gestiegen!«

»Das ist unverantwortlich!«, schrie mein Vater. Er hatte schon damals eine sehr laute Stimme.

Und meine Mutter sagte: »Jetzt schrei doch nicht so. Aber ja, ich bin froh, dass wir heil angekommen sind.«

Ich saß nur da und nippte an meinem Mixgetränk. Mein Vater, wieder in gehobener Lautstärke: »Normalerweise müssten wir das dem Reiseleiter sagen.«

Woraufhin meine Mutter nur erwiderte: »Ja. Aber sag das doch nicht so laut.« Und dann zu mir: »Wieso muss er immer so schreien?«

In der Nacht lag ich wach und dachte darüber nach, was in diesem verantwortungslosen Mann vorgegangen sein musste. Welcher Mensch nahm mutwillig das Leben anderer in Kauf, nur damit er sich in der prallen Sonne einen Wein genehmigen konnte? Vielleicht tat er das regelmäßig, dachte ich. Vielleicht trank er Wein wie wir Deutschen Wasser oder Bier. Tausend Gedanken schossen mir durch den Kopf, und kurz bevor ich endlich einschlief, hatte ich eine Lebensgeschichte um diesen Mann herum entworfen.

Am Tag danach entschuldigte ich mich beim Frühstück, setzte mich auf den Balkon unseres Zimmers und fing an zu schreiben. Mit dem Meer vor Augen und einer leichten Brise, die mir um die Ohren wehte, schrieb es sich wie von selbst. In meiner Fantasie war der Mann, den ich Achilles nannte, mit sich und seinem Leben unzufrieden. Weil er lieber Rocksänger geworden wäre, aber keine Wahl hatte und in den elterlichen Betrieb einsteigen musste. Somit wurde er Busfahrer. *Sirtaki Tours* nannte ich das Busunternehmen, was natürlich erfunden war, genau wie der Rest meines

Aufsatzes. Aber ich gefiel mir in der Rolle des Schriftstellers, der die wahren Spitzen zwischen den Zeilen platzierte. Im Grunde wollte ich damit auch meinem Vater in gewisser Hinsicht den Spiegel vorhalten. Das gelang mir allerdings überhaupt nicht, denn er bekam den Text nie zu Gesicht. Ich stellte Achilles als toleranten, liebenswerten, aber auch melancholischen Mann dar, der sich in sein Schicksal gefügt hatte und nun nur noch eines im Sinn hatte: Er wollte funktionieren, damit ihm niemand einen Strick aus seiner lustlosen Art drehen konnte.

Ich gab den Aufsatz voller Stolz ab. In mir reifte der Wunsch, fortan regelmäßig zu schreiben, denn nur so konnte ich meiner Meinung Ausdruck verleihen. Drei Tage später nahm mich meine Deutschlehrerin auf dem Schulhof zur Seite. Sie fragte, was ich mir dabei gedacht hatte und ob meine Eltern es gelesen hätten? Ich sagte, dass dem nicht so war, was ja auch stimmte. Meine Lehrerin lächelte. Ich fragte sie, ob es so schlecht sei, und sie sagte: »Nein. Es hat mir außerordentlich gut gefallen. Du bekommst eine Fünf.« Dazu muss ich erwähnen, dass diese Frau mit einer für Lehrer untypischen Ironie gesegnet war. Deshalb gab ich nichts auf diese Aussage und freute mich sogar noch auf die folgende Deutschstunde. Doch es wurde ein Desaster. Während meine Mitschüler Einser und Zweier absahnten, wurde mein Aufsatz als letzter in die Höhe gehalten und mit ein paar unschönen Worten unterlegt vor unser aller Augen zerrissen. Ich bekam tatsächlich eine Fünf. Der Bewertung »ungenügend« entging ich nur, weil ich überhaupt etwas zu Papier gebracht hatte. Von da an schrieb ich nie wieder auch nur ein Wort freiwillig. Es dauerte Jahre, bis ich mich von diesem Schock erholte. Aber manchmal, wenn ich ein bisschen angetrunken bin, und in diesem Zustand angenehmer Melancholie, also kurz bevor diese in Selbstmitleid kippt, vor mich hin sinniere, denke ich an dieses Ereignis. Und dann glaube ich ganz fest daran, dass alles im Leben einen Sinn hat und jede Aktion sich nachträglich, vielleicht erst Jahre später, auf unser Miteinander auswirkt. Denn als ich später aktiv zu schreiben begann, empfand ich es anfangs immer als Trotzreaktion. Auch wenn meine ehemalige Lehrerin da schon lange unter der Erde lag, spürte ich diesen Drang in mir, es ihr beweisen zu wollen. Das veränderte alles. Alles Schlechte hat eben auch etwas Gutes an sich.

11

Drei Monate waren seit meiner Ankunft in Berlin vergangen. Nicht ohne Stolz kann ich berichten, dass ich mich von Dull ein Stück weit emanzipiert hatte. Wir sahen uns zwar weiterhin regelmäßig, aber ich lebte mittlerweile in meinen eigenen vier Wänden. Durch Dulls Beziehungen bekam ich eine kleine Wohnung im Dachgeschoss eines Wohnblocks im Wedding. Außerdem verschaffte er mir eine Stelle bei einem Magazin, für das ich freiberuflich schrieb. Zusätzlich jobbte ich noch in der Schaubühne, was mich noch näher ans Theatergeschehen brachte. Das war auch gut so, wollte ich doch unbedingt den Proben zu meinem Stück so oft es ging beiwohnen. Es soll ja auch Autoren geben, die ihre Stücke abtreten und dann mit der eigentlichen Produktion nichts zu tun haben wollen. So einer wollte ich auf keinen Fall sein.

Dull und ich hatten das Bühnenstück innerhalb von drei Wochen runtergeschrieben. Da wir nicht sehr viele Schauspieler benötigten, lief die Planung für die Besetzung der einzelnen Rollen relativ zügig und unproblematisch ab. Wir waren uns sowieso von Anfang an einig, welche Eigenschaften die Akteure mitbringen mussten. So konnten wir schnell mit den Proben beginnen. Ich war ungeheuer aufgeregt und genoss jede Sekunde, in der ich den Profis bei der Arbeit zusehen konnte. Kurzzeitig spielten wir sogar mit dem Gedanken, ob ich nicht einen Cameoauftritt hinlegen sollte. Aber die Idee verwarfen wir schnell wieder. Mich kannte ja sowieso niemand. Noch nicht. Was mir aber auffiel, war der raue Umgangston bei den Proben. Dull verlangte seinem Ensemble alles ab. Er sparte nicht mit Kritik, hatte eine genaue Vorstellung davon, wie die Szenen auszusehen hatten, und erklärte jedes noch so winzige Detail. Auf meine Frage hin, ob wir den Schauspielern nicht auch Spielraum zur Eigeninterpretation geben sollten, tötete er mich beinahe mit seinen Blicken. Zum Glück war das Messer in seiner Hand nur eine Requisite. Ich glaube, er sah unser gemeinsames Projekt als eine Chance, sich an den eigenen Haaren wieder aus dem Dreck zu ziehen. Deshalb war er so pedantisch. Diese Art der Kommunikation stieß allerdings nicht überall auf offene Ohren. Es wurde viel diskutiert, denn jeder hatte seine Meinung. Und ich glaube, diese Dissonanz war es, die das Stück am Ende formte. Durch die Diskussionen kamen ganz neue Möglichkeiten ans Licht. Und bei ein paar Vorschlägen war Dull sogar gesprächsbereit, was ich ihm gar nicht zugetraut hätte. Allerdings konnte er die Menschen um ihn herum so manipulieren, dass sie ihre Ideen gewissermaßen an ihn abtraten. Wenn jemand einen Einwand hatte und Dull fand ihn passend, dann drehte er die Sache so, dass es am Ende wie sein Geistesblitz klang, und alle schienen damit zufrieden zu sein. Es war unglaublich.

Stella war derweil nicht nach Berlin gekommen. Oder sie hatte mir einfach nicht Bescheid gesagt. Das war mir aber auch recht, denn ich hatte sowieso genug um die Ohren. Und doch musste ich häufig an unseren Austausch nach meinem ersten Instagram-Post denken. Überhaupt Instagram. Mittlerweile hatte ich mir eine kleine Gemeinde aus Followern aufgebaut. Ich begriff dieses Medium als Möglichkeit zum kulturellen Austausch. Aber irgendwie begann es mich auch zu stressen. Mir folgten Regisseure, Schriftsteller und auch einige, meist unbekannte, Schauspieler. Die Anfragen sexuell aufgeschlossener Teens, die mich Gruppen hinzufügten und auf Sexseiten einluden, ignorierte ich hingegen. Seit meinem ersten Beitrag waren noch fünfzig weitere hinzugekommen. Und Stella likte unablässig jeden einzelnen. An manchen Abenden war ich kurz davor, ihr zu schreiben. Einfach mal zu fragen, wie es ihr geht und so. Der Daumen meiner rechten Hand hätte nur noch auf »Senden« drücken müssen, aber ich brachte es einfach nicht fertig. Dieser innere Kampf zog sich über zwei oder drei Wochen hin. Bis mir eines Tages einmal mehr bewusst wurde, wie skurril dieser Zustand war, der sich Leben nannte. Intentionen waren nicht mehr als bloße Aufhänger, an die man sich klammern konnte, nur um dem Ganzen ein Ziel abzuringen. Im Endeffekt kam sowieso immer alles anders. Ständig liefen die Dinge aus dem Ruder.

Es war ein Freitagabend. In den Tagen zuvor hatte es immer mal wieder heftige Regenschauer gegeben. Es machte keinen Spaß, zu dieser Jahreszeit draußen herumzulaufen. Aber für die nächsten beiden Tage war besseres Wetter angekündigt. Deshalb hatte ich spontan den Entschluss gefasst, am Samstagmorgen nach München zu fliegen und von dort aus einen Abstecher an den Chiemsee zu machen. Nur für einen Tag. Einfach mal raus und Luft holen und mich für die harte Arbeit der letzten Wochen belohnen. Für den Abend vor dem Flug hatte ich mir ein entspanntes Abendprogramm ausgedacht. Ich wollte mir einen Film im Kino ansehen, vorher aber noch einen Happen essen gehen. Nur eine Kleinigkeit sollte es sein, ein Döner oder so. Ich stieg in die S-Bahn und fuhr bis zur Warschauer Brücke. Dort befand sich in der Nähe der Oberbaumbrücke eine der besten Dönerbuden der Stadt. Zumindest wenn man Dulls Worten Glauben schenken konnte. Ich stieg aus der Bahn aus und lief die Treppenstufen hinab zur Hauptstraße. Von dort aus waren es nur noch wenige Meter bis zum besagten Imbiss. Trotz der kalten Temperaturen saßen fünf Leute vor dem Lokal. In Winterjacken gepackt stopften sie Lammfleisch und Pommes in sich hinein und tranken dabei Berliner Kindl. Ich ging durch die Eingangstür und da sah ich sie. Ihre Haare waren länger geworden und sie trug eine Brille. Und obwohl ich sie nur von der Seite sah, erkannte ich sie an ihren feinen Grübchen, die sich bildeten, wenn sie lachte, genau wie an ihrer Stupsnase, die ich immer liebevoll mit dem Finger angetippt hatte. Sie nahm ihre Bestellung entgegen, eingewickelt in Silberpapier, umschlossen von einem weißen Beutel. Dann lief sie direkt in mich hinein.

»Entschuldigung«, sagte sie. Und dann: »Leif? Ich glaub's ja nicht!«

»Hallo Stella.«

Sie schlang die Arme um meinen Hals und umarmte mich. Ich spürte den warmen Döner durch den Beutel auf meinem Rücken.

»Ich wollte dir schreiben. Wirklich. Aber es ist so viel passiert.« Ihr Gesicht war ganz nah an meinem. Ich konnte ihren Atem riechen. Sie hatte geraucht.

»Schon gut, ich hatte ja auch viel zu tun«, sagte ich.

»Hey, Alter«, kam es von einem Typen hinter mir, »wenn du nichts bestellen willst, dann lass mich vor.« Ich trat zur Seite. Der Kerl quetschte sich an uns vorbei. Dann ging ich mit Stella hinaus und wir setzten uns an einen der Tische.

Ohne dass sie mich danach gefragt hatte, erzählte ich: »Ich lebe und arbeite jetzt hier.«

»Das hast du mir ja geschrieben. Aber was ist mit deinem Job bei der Zeitung? Was ist mit Neunbrücken?«

»Ach«, wiegelte ich ab, »ich habe dieses Leben hinter mir gelassen.« Manchmal könnte ich mich ohrfeigen für mein Pathos.

»Und wie verdienst du nun dein Geld? Wie kommst du über die Runden?«

»Ich bin Fußmodel«, antwortete ich. Mein Grinsen quittierte sie, indem sie mir die Zunge herausstreckte.

»Arschloch.«

»Nein. Ich habe ein Theaterstück geschrieben. Es laufen gerade die Proben, drüben in der Schaubühne. Bald ist Premiere.« An ihrem Blick erkannte ich, dass sie mir immer noch nicht glaubte. Also erklärte ich ihr, wie ich nun lebte. »Ich kam nach Berlin und traf dort einen Theaterregisseur. Er hat in mir ein gewisses Talent erkannt, und dann haben wir zusammen ein Stück geschrieben. Also, genauer gesagt, mein Stück zu Ende gebracht. Erinnerst du dich an *Nur wenn ich lachen muss, tut es noch weh*?«

Sie machte große Augen. »Ja. Natürlich. Oh mein Gott, Leif. Ich bin unglaublich stolz. Dann hatten die Rotweinflecken auf dem Teppich ja doch noch etwas Gutes. Wo kann man es sehen?«

Die Sache mit den Flecken ließ ich unkommentiert. Ich glaube, es war Pessoa, der so etwas sagte wie, wenn ein Schriftsteller nur unter Alkohol schreiben kann, dann muss er das tun, oder so ähnlich. Außerdem ärgerte es mich, dass sie mir offenbar nicht zuhörte. »An der Schaubühne«, wiederholte ich und versuchte dabei so gleichgültig wie möglich zu klingen, obwohl mir diese Aussage jedes Mal eine Gänsehaut bescherte. Mein Stück an der Schaubühne, wow! Erst dachte ich daran, ihr Karten dafür anzubieten. Aber das erschien mir zu dick aufgetragen. Es wäre ohnehin nur ein Satz gewesen, wie man ihn aus Filmen kannte.

»Schaubühne, hm, das sagt mir nichts. Ist das ein bekanntes Theater?«

Zum ersten Mal, seit ich Stella kannte, hatte ich das Gefühl, ihr geistig überlegen zu sein. Und das soll jetzt überhaupt nicht abwertend klingen. Aber irgendwie fiel mit diesem Satz etwas von mir ab. Während unserer Beziehung hatte ich immer etwas in ihr gesehen, und plötzlich wurde mir klar, was es war. Nämlich, dass ich eine Frau an meiner Seite hatte, die gebildet war, die sich für die Welt interessierte und mit der ich mich auch über komplexe Themen austauschen konnte. Die Frage nach der Schaubühne ließ diesen Eindruck verblassen wie ein altes Foto, das man nach langer Zeit aus dem Album hervorholt. Mit einem Mal hatte sich ihre Attraktivität verflüchtigt.

»Ziemlich bekannt.« Ich machte keinen Hehl aus meiner Fassungslosigkeit. »Wenn man sich für Kultur interessiert, kennt man dieses Haus.«

»Okay. Na ja, du kennst mich ja. Manche Dinge gehen an mir vorbei.« Sie schob ein affiges Lachen hinterher, als wollte sie ihre Unwissenheit überspielen. Und plötzlich schämte ich mich für sie. »Erzähl mir von dem Stück. Wie endet es?«

Ich räusperte mich. »Es spielt keine Rolle, wie es endet. Um ehrlich zu sein, hat es gar kein richtiges Ende. Also, kein Happy End oder so einen Quatsch. Du kennst mich ja, ich mag es nicht, wenn immer alles rosarot ist. Ich will zeigen, wie die Träume der Menschen zerplatzen.« Mein Gott, ich klang schon wie Dull.

Sie schob den Beutel samt Inhalt beiseite. »Du weißt aber, dass dies keine gesunde Lebenseinstellung ist, oder?«

»Lebenseinstellung? Was soll das sein? Mir geht es nicht darum, den Menschen ihre Möglichkeiten aufzuzeigen. Wer ins Theater geht, soll nicht sehen, wie die Welt *sein könnte*, sondern wie sie *ist*. Für den Rest gibt es diesen Fantasy-Schrott. Ich will, dass die Zuschauer den Blick auch zum Schatten wenden, nicht nur zum Licht.«

Wie auf Knopfdruck hob Stella ihre rechte Augenbraue. »Wieso wirst du ausgerechnet jetzt so, Leif Lessmann?«

Meine Mutter war die Einzige, die mich mit vollem Namen ansprach. Vor allem in meiner Jugend. Meistens, wenn ich etwas ausgefressen hatte. Dass mich Stella nun so nannte, gab mir zu denken. Ich glaube, mein neues Ich beeindruckte sie. »Aber jetzt erzähl mir von dir«, wechselte ich das Thema. »Wieso bist du in Berlin? Und was ist mit Steffen, so hieß er doch, oder?«

Sie begann, nervös an dem Beutel mit dem Essen herumzuzupfen. »Er ist in Neunbrücken geblieben, bei Maja. Es ist … es ist aktuell ein bisschen schwierig zwischen uns. Er versteht mich manchmal einfach nicht. Und gerade bei dieser Sache hier, da schaltet er auf Durchzug.«

»Welche Sache?«

»Die Demonstration. Deswegen bin ich hier.«

»Du auf einer Demo? Diese Seite kenne ich an dir ja gar nicht.« Ich muss gestehen, dass ich zu diesem Zeitpunkt keine Ahnung hatte, von welcher Demo sie sprach. Seit ich mich komplett auf das Schreiben und Inszenieren gestürzt hatte, war alles um mich herum unwichtig geworden. Ich lebte über Monate hinweg in einer Blase, sah immer die gleichen Leute von frühmorgens bis spätnachts. So war es nicht verwunderlich, dass die Weltthemen an mir vorbeigingen. Trotzdem ließ ich mir meine Unwissenheit nicht anmerken.

»Tja, nicht nur Herr Lessmann kann sich verändern. Weißt du, ich habe in der letzten Zeit viel nachgedacht. Kennst du das Gefühl, wenn man eines Morgens aufwacht und nichts genügt einem mehr?«

Ich wusste genau, wovon sie sprach. Die Worte hätten von mir sein können. Da war es wieder, dieses seelische

Band, das uns einmal verbunden hatte. Gerade bei tiefgründigen Themen ging immer ein tiefes Verständnis von ihr aus. Das Wort Seelenverwandtschaft finde ich eigentlich ziemlich aus der Mode gekommen. Aber in diesem Fall passt es sehr gut. »Ja. Das ist der Grund, weshalb ich aus Neunbrücken weggegangen bin.«

»Siehst du. Und ich auch. Er brachte mir nichts mehr, dieser Alltag. Ich will nicht mit siebzig im Rollstuhl sitzen und auf ein Leben voller gerader Linien zurückblicken. Es tut alles so weh, ich meine, es ist so verwirrend. Und Steffen versteht das einfach nicht. Er ist in seinem Handeln eher pragmatisch, hat kein Gespür dafür, was es bedeutet, auch mal über den Tellerrand hinauszusehen.«

Es klang, als fange sie gleich an zu weinen. Ich griff nach ihrer Hand. War das wirklich meine Ex-Freundin, die da vor mir saß? Die, die mich eiskalt nach dem gemeinsamen Urlaub abserviert hatte und dabei bereits ein Kind von ihrem Neuen erwartete? Von einem Steffen? Dass aus dieser zierlichen, immer leicht reizbaren Frau einmal eine Widerstandskämpferin werden würde, die an Demonstrationen teilnahm und sich Gedanken über das Leben machte, konnte ich noch immer nicht glauben. Aber den grundsätzlichen Ansatz verstand ich. »Meinst du wirklich, das ändert etwas? Denkst du, eine Demo gibt dir das zurück, was du verloren hast?«

Ihr glasiger Blick zermürbte mich. »Ich wünschte, es wäre anders gelaufen. Ich habe mich nie richtig bei dir entschuldigt.«

Ich hielt immer noch ihre Hand. Ich drückte sie fester. Ein Lächeln huschte über Stellas Gesicht, das die Außenbeleuchtung der Dönerbude in eine helle und eine dunkle Seite teilte. »Wo verbringst du die Nacht?«, fragte ich. Die Souveränität meiner Stimme überraschte mich.

»In einem Hostel. Gleich hier um die Ecke.« Ihre Stimme klang brüchig. Ihre Unterlippe zitterte und der rote Lippenstift war im Mundwinkel verwischt. Nie fühlte ich mich mehr zu ihr hingezogen und gleichzeitig so von ihr entfremdet wie in diesem Augenblick.

Ein paar Meter entfernt ratterte die Bahn vorbei. Betrunkene Jugendliche zogen umher und grölten Lieder in den Berliner Abendhimmel. Ich fragte Stella, ob wir zu mir gehen wollten, und sie willigte ein. Ein paar Minuten später saßen wir in der Bahn. Keiner von uns sprach. Als der Zug sich in Bewegung setzte, konnte ich durch die Scheiben Stellas Abendessen sehen. Es lag verlassen auf dem braunen Holztisch vor dem Lokal. Irgendwann würde einer aus dem Imbiss herauskommen und den Beutel in den Müll schmeißen. Vielleicht schnappte aber auch ein Obdachloser das Essen vorher weg. Ich würde es ihm gönnen.

In dieser Nacht schliefen Stella und ich miteinander. Um halb fünf klingelte mein Wecker. Als ich aufwachte, war sie weg. Keinen Brief und keine Nachricht hatte sie hinterlassen. Es war, als wäre der Abend nur ein verrückter Traum gewesen, hätte nicht das benutzte Kondom neben dem Bett auf dem Fußboden gelegen. Ich stand auf und zog mich an. Beim Blick in den Badezimmerspiegel erkannte ich mich selbst nicht wieder. Die grauen Bartstoppeln waren mehr geworden im letzten Vierteljahr. Auf meiner Stirn hatten sich Falten gebildet, die mir in diesem Ausmaß auch noch nie aufgefallen waren. Ich hatte mal gelesen, dass man verrückt würde, wenn man sich lange genug im Spiegel selbst in die Augen schaute. Nach einer Minute gab ich auf. Bevor ich die Wohnung verließ, warf ich einen letzten Blick in das Schlafzimmer mit den verwüsteten Bettlaken.

12

Die Maschine der Lufthansa setzte hart auf der Landebahn auf. Danach fuhr ich noch ungefähr eine Stunde mit dem Zug. Irgendwann im Laufe des Vormittags stand ich dann am Ufer des Chiemsees. Mein Herz raste wie verrückt. Ich bekam kaum noch Luft und musste mich auf den kalten Steinboden setzen. Es dauerte eine ganze Weile, bis ich mich wieder im Griff hatte. Eine solche Attacke hatte ich schon einmal gehabt. Direkt nachdem Dull und ich das Theaterstück fertiggeschrieben hatten. Wir waren feiern gewesen und irgendwann mitten in der Nacht hatte ich auf der Toilette des Clubs einen ähnlichen Anfall. Ich nahm mir vor, das von einem Arzt checken zu lassen. Sobald die Premiere vorbei war. Dann wollte ich sowieso erst mal Urlaub machen. Ein oder zwei Wochen, vielleicht in Schweden, und dort Rotfedern angeln.

Ich dachte daran, dass mein eigentlicher Plan gewesen war, mir ein Fahrrad auszuleihen und damit eine Runde um den See zu fahren. Die kurzzeitigen Kreislaufprobleme ließen mich dieses Vorhaben allerdings noch einmal überdenken. Schließlich waren es insgesamt sechzig Kilometer oder so. Letztendlich konnte ich meinen inneren Schweinehund doch überwinden und lief zum Fahrradverleih. Für diese Strecke und in Anbetracht der Tatsache, dass ich ja abends wieder zurückfliegen wollte, war ein E-Bike die logische Konsequenz. Ich war der Dritte in der Reihe, als ein blonder junger Mann, Typ Surfer, das Geschäft öffnete. Die ältere Dame vor mir war zugleich die Letzte, die ein nicht reserviertes Elektrofahrrad bekam. Mir wurde ein Mountainbike zugewiesen. Freundlich lächelnd sagte der junge Mann: »Du bist doch noch jung und fit. Du brauchst sowas nicht.« Jung und fit, dachte ich, was für ein Blödsinn.

Nach einer kurzen Einweisung trat ich in die Pedale. Gleich nach den ersten Metern musste ich stoppen, weil eine Gruppe Enten den Fahrradweg überquerte. Schleppend kam ich wieder in Tritt. Danach lief es ziemlich gut. Auch die Sonne kam langsam hinter den Wolken hervor. Es war zwar noch relativ frisch, aber immerhin regnete es nicht. Doch diese Aktion war auch mit Stress verbunden. Das wurde mir klar, als ich beim Bestaunen der Berge um mich herum beinahe einen Opa umgefahren hätte, der spazieren ging. Auf dem Fahrrad sitzen und den Verkehr im Auge behalten, gleichzeitig aber auch die Landschaft genießen war quasi ein Ding der Unmöglichkeit. Deshalb beschloss ich, in regelmäßigen Abständen Pausen einzulegen und nicht wie ein Irrer einmal um den See zu rasen. Das war schließlich der Chiemsee und nicht Alpe d'Huez.

Gefühlt hatte ich schon zehn Kilometer oder mehr hinter mich gebracht, da sah ich eine Gaststätte mit Biergarten. Weil es auf die Mittagszeit zuging, beschloss ich, eine Kleinigkeit zu essen und zu trinken. Ich bekam einen Tisch mit Blick über den See. Die Bedienung brachte mir ein Bier.

»Wunderschön, nicht wahr?« Ich drehte meinen Kopf in die Richtung, aus der die Frage gekommen war. Dann war ich erstmal bedient, im positiven Sinne. Am Nachbartisch saß eine bildhübsche Frau und lächelte mich an. Ihre schwarzen Haare waren zu einem Zopf zusammengebunden und im Grün ihrer Augen schimmerte der See. Sie trug Fahrradkleidung.

»Wunderschön.« Das galt der Gegend und der Frau.

»Ich bin Mia. Fährst du auch eine Runde um den See?«

»Lessmann, also, Leif. Leif Lessmann. Und ja, das hatte ich vor. Ich bin ja nur heute hier.« Das ist eine komische Angewohnheit von mir und ich weiß nicht, ob es anderen Menschen auch so geht. Bei neunzig Prozent aller Fremden, die ich kennenlerne, bringe ich kaum ein Wort heraus. Aber das wissen Sie ja schon. Was Sie aber vielleicht noch nicht von mir wissen, ist, dass es diese Minderheit gibt, diesen kleinen Rest, der in mir etwas auslöst, dass ich sofort und ohne Punkt und Komma drauflosreden kann.

Mia strahlte mich an, obwohl das, was sie sagte, eher traurig klang: »Wieso denn nur heute? Das ist ja schade.« Solche Menschen kannte ich. Alles, was sie sagten, wurde mit einem Lächeln zum Niederknien verpackt und ließ einen alles andere vergessen. Ich hatte mal eine Freundin, leider nur sehr kurz, die auch diesen Charakterzug hatte. Manchmal wünschte ich mir, die Nachrichtensprecher im Fernsehen wären auch so. Ich stellte es mir angenehmer vor, wenn die Frau oder der Mann sympathisch grinsend von einem Raubüberfall berichteten, bei dem niemand verletzt wurde.

»Ich komme eigentlich aus Berlin.« Das war eine glatte Lüge, lebte ich doch erst seit ein paar Monaten in der Stadt. Unbeirrt redete ich weiter. »In den letzten Tagen wurde mir einfach alles zu viel und ich musste mal raus. Deshalb habe ich kurzerhand den Flug hierhin gebucht, und nun bleibe ich bis zum Abend, bis mein Flieger zurück geht.«

Mia stand auf. Sie nahm ihr Glas Weißwein und setzte sich zu mir an den Tisch. Ungefragt. Ich war sofort verliebt. »Das gefällt mir. Was machst du beruflich, wenn ich fragen darf? Stört es dich, wenn ich hier sitze? Ich habe gar nicht gefragt.«

»Nein, im Gegenteil. Ich bin Autor.«

»Echt? Und was schreibst du? Einen Roman?«

»Nein, für das Theater. Die Schaubühne in Berlin – kennst du die?«

»Natürlich. Ich war schon zweimal dort. Einmal zu *Ein Volksfeind* und ein anderes Mal zu *Die Ungeduld des Herzens*.«

»Von Stefan Zweig«, ergänzte ich.

»Genau«, sagte sie und nahm dabei einen Schluck Wein. Ich hatte mein Bier noch gar nicht angerührt. Schnell griff ich zum Glas und trank ebenfalls.

»Und was machst du so, wenn ich fragen darf?«

»Ich bin Social-Media-Beraterin und selbstständig.«

»Wow. Und du arbeitest hier? Also, du lebst in der Region?«

»In Potsdam. Also ganz in deiner Nähe.« Dabei zwinkerte sie mir zu. Hastig griff ich zu meinem Glas und trank nervös ein paar Schlucke. Das sah sicherlich bescheuert aus, aber auch das war eine blöde Angewohnheit von mir. Wenn ich aufgeregt bin, neige ich dazu, ständig an meinem Getränk zu nippen. In den letzten Jahren war diese Marotte zwar relativ gut abgeklungen und ich bekam sie mehr und mehr in den Griff, aber vorher machte mir das echte Probleme. Wenn ich zum Beispiel auf einer Feier war und ein paar gut aussehende Frauen um mich herumstanden oder -saßen, dann trank ich immer wieder von meinem, meist alkoholischen, Getränk. Dadurch konnte ich auf der einen Seite unangenehmen Gesprächen aus dem Weg gehen, wurde auf der anderen Seite aber auch rasend schnell betrunken. Das durfte mir bei Mia unter keinen Umständen passieren.

»Potsdam also, aha. Schön dort?«

Sie lachte, als hätte ich den Witz des Jahrtausends gerissen. »Wie man's nimmt«, war ihre Antwort.

»Und hier machst du Urlaub oder bist du auch nur einen Tag ausgebrochen?«

»Ich bin übers Wochenende hier. Donnerstagabend bin ich angereist und morgen Abend fahre ich zurück. Erzähl mir von deinem Theaterstück. Bitte.«

»Es ist gesellschaftskritisch. Ich will mit den Klischees spielen, ohne dabei den Finger jemals aus der Wunde zu nehmen. Der Zuschauer soll ein übertrieben skizziertes Abbild der Gesellschaft erleben, mit all ihren Facetten. Natürlich ist es auch witzig an einigen Stellen. Aber genau das ist wichtig. Ich glaube, du kannst in der heutigen Zeit nur noch in das Bewusstsein der Menschen vordringen, wenn du unterschwellig humoristisch agierst, ohne dabei komisch zu sein. Es handelt von einem Mann, der …«

»Stopp! Nicht weiterreden. Ich will es mir selbst ansehen. Das klingt fantastisch. Wie lautet der Titel? Tut mir leid, wenn ich so neugierig bin. Das bin ich immer, wenn mich Menschen oder Themen interessieren.«

»Kein Problem. Ich freu mich ja, wenn dich das Thema interessiert.«

»Nicht nur das«, sagte sie und trank erneut von ihrem Wein.

»*Nur wenn ich lachen muss, tut es noch weh*. So lautet der Titel.«

»Das ist so gut! Ich bin gespannt darauf.« Sie klang begeistert und ihre Augen funkelten. »Meinst du, du könntest mir eine Karte besorgen? Vielleicht für die Premiere? Ich war noch nie auf einer Premiere.«

Der Kellner kam und fragte, ob bei uns alles in Ordnung sei. Wir nickten und Mia bedankte sich für die Frage. Als er danach den Nachbartisch abwischte, machte er eine eindeutige Geste in meine Richtung, die nichts anderes bedeutete, als dass ich einen guten Fang gemacht hatte. Mia konnte das aus ihrem Blickwinkel nicht sehen.

»Ich schaue, was ich tun kann. Leider kann ich es dir nicht versprechen.«

»Das macht nichts. Ansonsten sehe ich es mir später einmal an.«

»Kommst du oft hierher?«, fragte ich sie.

»So oft es geht. Ich mag die Berge und das Wasser und vor allem die Menschen. Siehst du, hier herrscht einfach eine ganz andere Mentalität. Ich habe immer das Gefühl, die Leute hier sind nicht nur entspannter, sondern auch zufriedener mit sich und der Welt. Hier trifft man kaum eine Person, die schlecht gelaunt ist. Zumindest kommt mir das so vor.«

»Ich weiß, was du meinst. Wenn du dich also hier auskennst, könntest du mich doch bei meiner Runde begleiten, oder? Ich meine, falls du nicht zu schnell für mich fährst.«

»Das würde ich sehr gerne tun. Aber ich denke, du willst eher alleine sein und die Ruhe genießen, oder?

Da brauchst du doch keine Labertasche wie mich, die dir keine ruhige Minute zum Durchschnaufen gönnt.«

Es gefiel mir, wie sie sprach, wie sich ihre Lippen bewegten, während sich hinter ihr die Sonne auf der Wasseroberfläche spiegelte. Dazu kam noch, dass sie sich mit dem Theater auskannte. Zumindest besser als Stella. Es gibt diese Menschen, bei denen man von der ersten Sekunde an das Gefühl hat, jedes Wort aus ihrem Mund ist genauso gemeint und kommt aus tiefer Überzeugung. Aufrichtigkeit ist eines der höchsten Güter, meiner Meinung nach. Und Mia war aufrichtig, das spürte ich. Ihre Weltoffenheit und Neugierde waren beinahe greifbar. Da fiel mir Dull wieder ein, der meinte, ich sollte den Menschen gegenüber freimütiger sein und mit nichts hinterm Berg halten, egal, ob es dabei um meine Meinung und meine Gefühle ginge. Und ich sollte mein Leben auskosten. Weil ich eh nicht lebend rauskommen würde aus dem Leben oder so ähnlich. Und im Prinzip war das auch richtig. Was hatte ich zu verlieren? »Ich würde gerne mit dir um den See radeln«, sagte ich. Das Wort radeln ist mir im Nachhinein ein bisschen peinlich. »Vorausgesetzt, ich bekomme deswegen keinen Ärger mit deinem Freund.«

Mia trank den letzten Schluck Weißwein, griff nach ihrem Rucksack und sagte, ohne mich dabei anzusehen: »Du hast eine klischeehafte Angewohnheit, eine Frau zu fragen, ob sie Single ist.«

»Ich weiß. Aber wie soll ich einen Text über Klischees schreiben, wenn ich sie selbst nicht bedienen kann?«

»Um einen Mann brauchst du dir keine Sorgen zu machen.«

Wir standen auf und schoben beide gleichzeitig unsere Stühle zurück an den Tisch, sodass sie im perfekten rechten Winkel zueinander in Richtung Wasser blickten. Als wir unsere Fahrräder geholt hatten und startklar vorne am Weg standen, überlief mich ein kurzer Schauer. »Nur damit ich das jetzt nicht falsch verstanden habe – dass es keinen Mann gibt, bedeutet, dass du Single bist? Oder gibt es eine Frau?«

Sie lachte. »Single. Noch. Na los, schließlich muss heute Abend noch jemand zurück in die Hauptstadt.« Sie trat in die Pedale und ich sah ihr nach. Bevor sie aus meinem Blickfeld verschwand, tat ich es ihr gleich. Ich schaffte es, sie einzuholen, und konnte mich nicht daran erinnern, wann ich mich zuletzt so lebendig gefühlt hatte.

Mia war ein Phänomen. Eine Frau wie sie war mir noch nie begegnet. Ich vergaß alles um mich herum, dachte weder an mein Stück noch an die Nacht mit Stella. Sogar die Landschaft rückte in den Hintergrund. Ich weiß gar nicht, wo wir überall vorbeifuhren. Meine Begleitung fuhr immer, wenn es möglich war, neben mir und erzählte eine Anekdote nach der anderen.

Normalerweise konnte ich mit Frauen, die zu viel redeten, nichts anfangen. An diesem Tag war das anders. Der See lag wunderbar und friedlich eingebettet zwischen den Bergen. Eine angenehme Brise sorgte dafür, dass ich nicht allzu sehr schwitzte. Das wäre mir sonst peinlich gewesen. Es war der perfekte Tag.

Bei der letzten Pause, die wir machten, kurz bevor wir wieder am Startpunkt waren, setzten wir uns auf eine Wiese. Die Fahrräder lehnten wir an einen Baum. Mia fragte mich, wie es für mich nach der Premiere weitergehen würde. Das war eine Frage, die ich mir auch schon gestellt hatte. Ich hatte monatelang auf diesen Moment hingearbeitet. Wenn man die Zeit in Neunbrücken dazurechnete, waren es sogar Jahre. Und ich muss gestehen, dass ich Angst vor diesem Umstand hatte. Einfach ein neues Stück schreiben? Aber über was? Das große Thema meines Lebens war in diesen Zeilen festgehalten. Alles, was darauf aufbauen oder daran anschließen würde, käme einem wiederaufgewärmten Essen gleich. Das hätte dieses Stück nicht verdient. Ich hatte mich an dem Thema abgearbeitet. Schon als wir in den letzten Zügen des Schreibens waren, hatte ich gemerkt, dass die Auseinandersetzung mit meiner Sicht auf die Welt für mich allmählich zur Routine geworden war. Und nichts auf der Erde war bedeutungsloser als Routine. Das gab mir zu denken. Auch meine Arbeit an der Schaubühne würde mit dem Tag der Premiere enden. Dull prophezeite zwar, dass die Besucher dem Theater die Türen einrennen würden und wir dann genug Geld zur Verfügung hätten, um ein paar Monate über die Runden zu kommen. Aber auf mich wirkte das mehr wie eine Wunschvorstellung. Ich musste diese innere Unruhe nach außen getragen haben, denn Mia tippte mir an den Arm und fragte, ob alles okay mit mir sei. Sie wollte mit dieser Frage nichts lostreten, sagte sie. »Du siehst gerade ein bisschen so aus, als würdest du neben dir stehen.«

»Nein, alles okay«, log ich. Dabei war das Gegenteil der Fall. Ich sah die Ziellinie vor Augen und wusste, wenn ich sie überqueren würde, wäre meine Arbeit getan. Die große Melodie meines Lebens wäre verklungen. Ich könnte einfach wieder zurück in den Alltag oder dranbleiben, wie es Dull sicherlich formuliert hätte. »Hast du manchmal Angst davor, deine Ziele zu erreichen?« Die Frage kam mir seltsam leicht über die Lippen.

Mia dachte nach. Ich sah ihr an, dass sie sich der Wichtigkeit der Frage bewusst war. »Ja, das tue ich. Weil ich nicht weiß, was danach kommt. Und ob ich es nicht noch besser hätte machen können.«

Diese Denkweise war mir komplett fremd. Ich war noch nie jemand gewesen, der von übertriebenem Ehrgeiz gepackt war. Schon in der Schule strebte ich nicht nach den Bestnoten, sondern war damit zufrieden, wenn ich mit möglichst wenig Aufwand Ausreichendes schaffte. Mein Vorgehen war immer von einer gewissen Effizienz getragen. Mein Gott, wie das klingt. Manchmal glaube ich, dass bei einer Psychoanalyse jeder Therapeut die Hände über dem Kopf zusammenschlagen würde, wenn ich alles, was ich denke, ausspräche.

»Leif? Ist wirklich alles okay? Du bist ganz weiß um die Nase.«

»Ich glaube, es wird Zeit für mich. Wir sollten weiterfahren, bevor ich noch zu spät komme.«

Sie versuchte gar nicht erst, ihre Enttäuschung zu verbergen. »Okay. Schade. Habe ich etwas Falsches gesagt?«

»Nein«, antwortete ich, »ich muss nur los. Es wartet noch einiges an Arbeit auf mich.« Das war nur zum Teil gelogen. Der Großteil der Arbeit war für mich getan. Aber was sie gesagt hatte, stieß Überlegungen in mir an, für die ich mich noch nicht bereit fühlte. Wir schnappten unsere Räder und fuhren die letzten fünf Kilometer zurück.

Mia umarmte mich zum Abschied und gab mir unaufgefordert ihre Handynummer. Ich speicherte sie zwar ab, war mir aber nicht mehr sicher, ob ich Mia jemals anrufen würde. Ihre Antwort auf meine Frage, ob sie manchmal Angst davor hätte, ihre Ziele zu erreichen, hatte ein bestimmtes Bild von ihr in meinem

Kopf erzeugt. Ich sah einen Menschen vor mir, der das repräsentierte, was ich in den Augen der anderen hätte werden sollen. Diese Vorstellung brannte sich in mein Gehirn.

»Mach es gut, Leif Lessmann. Es hat mich sehr gefreut. Vielleicht ja bis bald.«

»Ja«, sagte ich, »vielleicht.« Ich rang mir ein Lächeln ab, das den Namen nicht verdiente. Mia stieg wieder auf ihr Rad und winkte mir zum Abschied zu. Als sie davonfuhr, hatte ich den Eindruck, ihr Kopf hinge traurig herab.

Der Taxifahrer hieß Alois. Er trug eine Schiebermütze und rauchte ununterbrochen während der Fahrt. Er redete Bayrisch, was ich im folgenden Dialog etwas glattgebügelt habe, damit Sie es besser verstehen können. Außerdem fuhr er sehr schnell, was mir ein bisschen Angst machte.

»Wo kommst denn her, mei Bua?«, fragte er mich, ohne sich dabei umzudrehen.

»Aus Berlin«, sagte ich.

»Ha, aus der Hauptstadt. Wolltest mal raus, was? Oder na, wie sagt man das bei euch, wa?«

»Ja, genau. Einen Tag einfach mal raus.«

»Was? Einen Tag? Mei Bua, was willst denn an einem mickrigen Tag hier sehen? Diese Region hat alles zu bieten, Herrgott.« Als er Herrgott sagte, bekreuzigte er sich. Als wollte er sich dafür entschuldigen, den Namen des Herrn missbraucht zu haben. Dabei sah er demütig auf den Rosenkranz, der am Rückspiegel hing.

»Es war eine spontane Idee. Ich habe gerade wieder eine schwierige Phase. Würden Sie bitte etwas langsamer fahren? Danke.«

»Schwierig? Ihr jungen Leute habt doch keine Ahnung von schwierigen Zeiten. Ich war ein Nachkriegskind. Von euren Lebensstandards konnten wir damals nur träumen. Euch stehen doch alle Türen offen, Herrgott!« Diesmal machte er kein Kreuzzeichen, sondern klopfte kurz, aber energisch aufs Lenkrad.

»Nun, ich denke schon, dass auch wir es nicht leicht haben. Aber Sie haben recht, im Vergleich zu Ihrer Zeit ist es natürlich ein Witz.« Ich sah zum Fenster hinaus. Für mich war damit alles gesagt.

»Was ist ein Witz? Die Zeit, in der ich aufgewachsen bin?« Er fuhr wirklich extrem schnell, und meine Bitte, nicht so auf die Tube zu drücken, ignorierte er.

»Nein, ich meine unsere, also die …«

»Ich will dir mal was sagen, Bursche.« Er stellte seinen Rückspiegel so ein, dass er mir direkt in die Augen blicken konnte. »Ihr wisst gar nicht, wie gut ihr es habt. Hockt den ganzen Tag in euren teuren Anzügen in euren noblen Büros oder macht Homeschooling …«

»Office.«

»Was?«

»Homeoffice. Ich habe keine Kinder.«

»Habe ich auch nicht erwartet. Also, wo war ich? Ach ja, genau, ihr seid doch viel zu verwöhnt. Das ist euer Problem. Und dann wird jede kleine Bodendelle zum Tsunami, oder wie sagt man das?«

»Tut mir leid, ich weiß es nicht. Aber ich weiß, was Sie meinen.« Ich wollte sofort aussteigen. Das Tempo und der Fahrer, der mich ja nun offensichtlich auf dem Kieker hatte, waren mir zu viel. »Könnten Sie mich da vorne bitte rauslassen?«

»Na, ich denke du willst zum Bahnhof?«

»Ich habe es mir anders überlegt. Ich laufe das restliche Stück. Das Wetter passt ja.« Um diesem Satz mehr Gehör zu verleihen, sah ich aus dem Fenster. Dunkle Wolken zogen auf.

»Nix da, mei Bua. Der Alois bringt dich sicher ans Ziel. Mir ham's doch bald geschafft.«

»Ich würde aber gerne hier aussteigen.« Instinktiv legte ich meine Hand auf den Türgriff. Da schnippten die beiden Zapfen an der Tür nach unten. Ich war eingeschlossen. »Was soll das, verflucht, ich will hier aussteigen!«

»Mei, bleib mal ruhig, mei Bua. Ich …«

»Und hören Sie endlich auf, mich ständig ›mei Bua‹ zu nennen, Herrgott!« Damit hatte ich seine Aufmerksamkeit. Wahrscheinlich war er ein absoluter Hardcore-Katholik, der jeden Sonntag zur Messe ging und abends brav das Vaterunser runterrasselte, bevor er einschlief.

Alois schüttelte den Kopf. Wir fuhren durch zwei kleine Dörfer und keiner von uns beiden sagte auch nur einen Ton. Da fiel mir etwas ein: »Entschuldigung, Alois, ich darf doch Alois sagen, oder? Wieso wurden die Obergrenzen damals eigentlich gerissen?«

»Was?«

»Damals, bei dieser Pandemie. Da sprach man immer von gerissenen Obergrenzen. Wieso?«

»Na weil … ich weiß nicht … was soll die blöde Frage denn jetzt?« Er schlug wieder leicht gegen das Lenkrad. Scheinbar gab es irgendeinen Gott in seinem Leben, der ihm das Fluchen untersagte, was aber eine Schwierigkeit für den aufbrausenden Alois darstellte. Ich hatte ihn am Haken.

»Das ist keine blöde Frage, Herrgott. Wieso wurden die Obergrenzen gerissen und nicht überschritten oder so? Jemand mit ihrer ungeheuren Lebenserfahrung muss das doch wissen!«

»Aber ich habe keine Ahnung. Wieso ist das überhaupt wichtig?«

»Weil es für meine Generation essenziell ist, verstehen Sie? *Das* sind die wirklich interessanten Fragen. Woher kommen diese Fachbegriffe, die sich Boomer am Schreibtisch in ihren sauteuren Büros ausgedacht haben? Scheiße, noch mal.« Ich war in Fahrt und spürte, wie das Gespräch allmählich in meine Richtung kippte.

»Moment mal - Boomer? Das bin ich doch gar nicht. Ich bin sechsundsechzig.«

»Natürlich bist du einer, Alois. Wegen Typen wie dir sitzen Typen wie ich hier und reden über solche Themen.«

»Hör auf!«, schrie er. Ich sah, wie sich seine Hände ums Lenkrad krallten. Da dachte ich daran, dass ich an dieser Stelle abbrechen sollte. Sonst würde uns der gute Alois noch an die nächste Laterne lenken oder eine Kuh würde auf die Straße treten. So eine mit einer Glocke um den Hals. Und das Taxi würde die Kuh zerteilen oder noch schlimmer, die Kuh das Taxi. Und so schwieg ich einfach und grinste stattdessen überlegen vor mich hin.

Dann war die Fahrt Gott sei Dank vorbei und wir parkten am Bahnhof. »Was bin ich schuldig?«, fragte ich übertrieben freundlich.

»Steig einfach aus«, knurrte Alois.

»Aber nein, ich zahle doch für diese aufregende Fahrt. Und wenn nicht, dann wenigstens für die geistreichen Gespräche.«

»Schleich dich, du damischer Saupreiß! Ach, Scheiße!« Er schlug mit der Faust aufs Lenkrad. Ich war noch nicht ganz aus dem Wagen ausgestiegen, da raste Alois schon davon. Ich schätzte, ich hatte ihm den Tag versaut. Aber das war okay. Danach fuhr ich mit der Bahn zum Flughafen München und schaffte es gerade noch rechtzeitig zum Abflug nach Berlin. Gegen Mitternacht lag ich in meinem Bett. Und wenn Sie jetzt denken, dass war der Knackpunkt meiner Geschichte, ab hier nahm mein Leben endlich die erhoffte Wendung - so ist das nur teilweise wahr. Denn das eigentliche Fiasko ereignete sich am Tag danach. Sie müssen also noch ein bisschen durchhalten, bevor Sie begreifen, wie ich zu dem wurde, der ich bin. Es war nicht immer einfach bis hierhin, ich weiß. Aber hey, that's life.

13

»Du warst wo? Am Chiemsee?« Dull stocherte in seiner Pasta herum, ohne mich dabei anzusehen. Mit vollem Mund ergänzte er: »Und das hat's gebracht? Ein Tag?«

»Es war ein relativ spontaner Entschluss. Ich bin dort eine Runde mit dem Fahrrad um den See gefahren.«

»Mit dem E-Bike?«

»Nein. Ich hatte ein normales Mountainbike.«

Er lachte mit offenem Mund. Zwischen seinen Zähnen hing Basilikum. »Tut mir leid, Lessmann. Ich kann keine Leute ernst nehmen, die heutzutage freiwillig auf ein E-Bike verzichten.«

»Wer sagt, dass es freiwillig war? Egal jetzt. Also, was wolltest du mit mir besprechen?«

Er wischte sich den Mund mit der Serviette ab. Dabei fiel mir auf, dass auf seinem weißen Hemd ein gelblicher Fleck war, genau auf der Höhe des Herzens. Vermutlich Pastasoße. Ich schaffte es nicht, meinem Blick von diesem Fleck abzuwenden. Während Dull mir erklärte, wie die Proben verliefen, starrte ich unentwegt auf seine Brust.

»Also, ich bin nicht zu hundert Prozent zufrieden. Aber das wird. Das Ensemble zieht gut mit. Bis auf

Carsten, der ständig alles hinterfragt. Manchmal denke ich, der stellt sich absichtlich doof. Aber vermutlich ist er wirklich so. Er begreift unser Stück einfach noch nicht richtig.«

Ich sah kurz vom Fleck hoch. »Carsten? Der spielt doch eh nur eine Nebenrolle, nicht?«

»Er spielt den Gärtner. Sagt Gott sei Dank nur eine Handvoll Sätze. Zu mehr würde es eh nicht reichen. Glaub mir, das Publikum merkt es sofort, wenn da jemand auf der Bühne steht, der nicht voll und ganz hinter dem steht, was er da tut. Und was starrst du mich eigentlich andauernd so an? Hallo? Ich rede mit dir?«

»Tut mir leid. Aber da ist dieser ... also du hast da ...« Ich zeigte mit meinem Finger auf meine Brust, in etwa auf die Stelle, wo bei Dull der Fleck war.

»Was? Was habe ich?« Er sah nach unten und zog sein Hemd ein Stück vom Körper weg. »Oh. Na sowas. Das muss Senf sein. Ich hatte heute Morgen ein Weißwurstfrühstück.«

»Weißwurstfrühstück«, wiederholte ich. »Alleine?«

»Nicht direkt. Aber egal. Kommen wir lieber zu der anderen Sache, die ich noch mit dir bereden wollte. Also ...«

Da schlug der erste Stein gegen das Fenster. Das Glas hielt der Erschütterung stand. Ich zuckte zusammen. Dull ließ vor Schreck seine Gabel auf den Teller fallen, sodass nun endlich auch die Soße auf sein Hemd spritzte. Vor dem Restaurant tauchte ein junger Mann auf. Er trug schwarze Hosen und eine schwarze Jacke. Das Gesicht dieses Mannes sollte ich später noch öfter im Fernsehen sehen, weil er einer der Ersten war, die von den Ordnungskräften hart rangenommen wurden. Ich weiß noch, dass ich nicht sofort begriff, was draußen vor sich ging. Erst als ein wütender Mob vorbeirannte und eine Rakete quer durch die Luft flog und an der Fassade des Hauses auf der anderen Straßenseite detonierte, wurde mir klar, was sich da auf der Straße abspielte. Und dann ging alles ganz schnell. Polizisten mit Schlagstöcken in den Händen kamen aus den Gassen gestürmt und prügelten wild auf die Demonstranten ein. Dadurch eskalierte die Situation komplett. In der Mitte der Straße brannten Bengalos. Ich sah einen Mann am Boden liegen und zwei Polizisten standen um ihn herum und prügelten auf ihn ein. Drei Vermummte kamen ihrem Kollegen zur Hilfe und schlugen mit Eisenstangen auf die Helme der Ordnungskräfte. Eine Frau mit grünen Haaren und einem Piercing in der Nase tauchte vor mir auf. Sie spuckte gegen die Scheibe und streckte mir den Mittelfinger entgegen. Knallkörper explodierten. Ich sah eine Frau, die einen Kinderwagen schob und verzweifelt nach einem Ausweg aus diesem Chaos suchte. Die Polizei versuchte, die Menge auseinander zu ziehen. Aber immer wieder schafften es Einzelne, die Ketten zu durchbrechen. Szenen wie damals beim G20-Gipfel, als die Hamburger Stadt in Anarchie versank. Ich sah zu Dull hinüber. Mit offenem Mund schaute er aus dem Fenster. Selbst an dem coolen Regisseur gingen diese Bilder nicht spurlos vorbei. »Wir müssen hier raus«, flüsterte er. Wir legten das Geld auf den Tisch und wollten zum Ausgang. Ein Kellner versperrte uns den Weg. Er erklärte uns, wir sollten zu unserem eigenen Schutz im Gebäude bleiben. Noch bevor er den Satz beenden konnte, durchschlug ein Stein das Fenster neben der Eingangstür. Die wenigen Gäste im Lokal suchten Schutz unter den Tischen oder flüchteten auf die Toiletten. Einige rannten in ihrer Panik sogar in die Küche. Draußen wurden die Explosionen heftiger. Ich sah einige Randalierer, die ein Auto umkippten. Ein anderes Fahrzeug stand da bereits in Flammen. Es schien, als würde die Meute immer größer werden und die Polizisten immer weniger. Der Besitzer des Restaurants brüllte etwas auf Italienisch durch den Raum. »Was will er?«, schrie ich Dull ins Gesicht. Er zuckte mit den Schultern und gab mir zu verstehen, dass ich ihm folgen sollte. Wir rannten die Treppen nach oben in den ersten Stock. Ich nahm immer zwei Stufen auf einmal. Dort oben war das Lokal genauso eingerichtet wie im Erdgeschoss. Eine riesige Glasfront sorgte dafür, dass wir nun über den ganzen Platz blicken konnten. Es sah aus wie auf einem Schlachtfeld. Überall lagen zerbrochene Flaschen herum. Verletzte Personen schrien um Hilfe. Ein Krankenwagen kam angefahren, musste aber stoppen, weil die Zufahrt versperrt war. An einem Baum lehnte ein Polizist. In seinen Händen hielt er seinen Helm, der ihm wahrscheinlich das Leben gerettet hatte. Von seiner Stirn tropfte Blut. Ich zog mir einen Stuhl heran und beobachtete in geduckter Haltung das Geschehen. Der Mob war weitergezogen. Nur noch vereinzelt knieten Polizeibeamte auf dem Boden und sorgten so dafür, dass sich die Verhafteten nicht mehr bewegen konnten. Dull zog sich ebenfalls einen Stuhl heran. Er setzte sich neben mich und stellte vor uns zwei Weingläser auf den Boden. »Habe ich gefunden«, sagte er schnaufend. Dann zog er eine Flasche Weißwein hervor und schenkte die beiden Gläser über die Hälfte voll. Seine Hand zitterte dabei und es gingen einige Tropfen daneben. So schnell wie dieser Ausnahmezustand eingesetzt hatte, so schnell war er weitergezogen. In Sondersendungen war später davon die Rede, dass sich überall auf der Welt Menschen zusammengeschlossen hatten, nur um an diesem Tag in Berlin auf die Straße zu gehen. Diese Vereinigung nannte sich *Mea Culpa 2000*. Aber das fand ich alles erst später heraus. In diesem Moment, als ich mit Dull alleine im ersten Stock des Restaurants saß und das Treiben unter uns auf der Straße beobachtete, fiel mir Stella wieder ein. Was hatte sie dazu bewogen, sich dieser Gruppe anzuschließen? Ich sollte es nie erfahren.

Weil ich sie bis heute nie mehr wiedergesehen habe. Und doch fällt es mir schwer zu glauben, dass sie festgenommen oder gar verletzt wurde.

Ich hatte keinerlei Bezug zu dieser Demonstration. Aber ich saß in der ersten Reihe, sah die Tumulte durch die Panoramafenster wie auf einem gigantischen Fernseher und trank dabei Weißwein.

14

Dann kam der Abend der Premiere. Ich saß auf eigenen Wunsch in der hintersten Reihe. Von dort aus konnte ich die Reaktionen der Zuschauer am besten verfolgen. Ich konnte sehen, ob sie während der Vorführung miteinander tuschelten oder gespannt nach vorne blickten, ob sie sich gelangweilt im Saal umsahen oder auf den Displays ihrer Handys herumtippten. Für diesen besonderen Abend hatte ich mir extra einen Anzug geliehen. Dabei hasste ich Anzüge.

Am vorderen Rand der Bühne hatten wir eine Lichterkette ausgelegt, deren Glühbirnen am Ende des Stücks von den Darstellern zertreten wurden. Ein symbolischer Akt der Selbstironie. Getreu dem Motto »Der Letzte macht das Licht aus«. Die Eröffnungsszene war sehr schlicht gehalten. Der Hauptdarsteller, Dominic, lag im Bett und träumte. Hinter ihm wurden Videosequenzen an die Wand projiziert, die seine Träume für das Publikum sichtbar machten. Zuerst lief er allein durch einen Wald. Rehe huschten vorbei und Vögel kreisten über ihm am Himmel. Dann eine Nahaufnahme von seinem Gesicht. Schweiß tropfte ihm von der Nasenspitze. Seine Angst war nun auch für die Zuschauer greifbar.

Sein Atem drang keuchend durch die Lautsprecher und das laute und heftige Pochen seines Herzschlags sorgte für die entsprechende Anspannung. Ich war ungeheuer aufgeregt. Neben mir saß ein älteres Ehepaar. Aus dem Augenwinkel konnte ich erkennen, dass sie gebannt nach vorne sahen. Als Nächstes flackerte die Beleuchtung an der Decke abwechselnd mit der Lichterkette am Bühnenrand. Der Herzschlag und die Atmung setzten aus. Auf der Leinwand sah man nun nicht mehr einen düsteren Wald, sondern die Sonne, die im Zeitraffer hinter den Dächern Berlins nach oben stieg. Dann begann der eigentliche Teil.

Ich lehnte mich zurück. Meine Hände waren nassgeschwitzt vor Aufregung. Es gibt nichts Größeres, als sein eigenes Werk live auf einer Bühne zu sehen, dachte ich. Die nächsten neunzig Minuten waren die erlösendsten meines Lebens. Obwohl ich jeden Satz hätte mitsprechen können, ließ ich die Bilder einfach auf mich wirken. Ohne mir Gedanken darüber zu machen, was wir hätten besser machen können und welchen Dialog ich mir hätte sparen können, saß ich ruhig auf meinem Stuhl und ließ den Dingen ihren Lauf. Ich verschwendete keinen Gedanken daran, was mich nun erwarten würde. Nein, vielmehr herrschte in meinem Kopf ein Vakuum, das mich einfach nur genießen ließ. Wenn ich jetzt auf den Abend zurückblicke, bin ich dankbar dafür. Dankbar, weil ich damals nicht wissen konnte, wie sich die Dinge noch entwickeln würden. Aber für neunzig Minuten war meine Welt einmal nicht voller unbezahlter Rechnungen, ungeborener Kinder oder beruflicher Sackgassen. In meinem Stück ging es um die gesellschaftlichen Themen dieses Landes und wie wir hier miteinander umgingen. Es grenzte an Ironie, dass mich ausgerechnet diese eineinhalb Stunden meine eigenen Chosen vergessen ließen. Ich glaubte nicht an Schicksal. Aber die vergangenen Monate waren in ihrer Unvorhersehbarkeit absurder gewesen als alles, was ich mir jemals hätte vorstellen können. König Zufall hatte entschieden.

Ich werde mich noch in hundert Jahren daran erinnern, auch wenn ich dann schon tot bin, wie das Licht erlosch und alles schwarz wurde im Saal. Es war so still, dass man eine Stecknadel hätte fallen hören können. Und plötzlich, vielleicht drei Sekunden später, als hätten sich die Zuschauer erst bewusst machen müssen, was da gerade vor ihnen passiert war, explodierte die Stille und ging in einen donnernden Applaus über. Die Beleuchtung ging wieder an und die Schauspieler betraten die Bühne. Den größten Applaus bekam Dominic. Ophelia, gespielt von Svenja, bekam sogar Blumen auf die Bühne geworfen. Ich habe keine Ahnung, von wem die kamen und wie sie die in die Vorstellung gebracht hatten. Dann trat Dull auf die Bühne. Er ließ sich feiern und winkte sogar kurz in meine Richtung. Niemand drehte sich nach mir um. Aber das war mir egal. Ich wollte im Hintergrund bleiben. Das Rampenlicht war nichts wert, wenn man es nicht genießen konnte. Und ich war dafür einfach nicht gemacht. Die beiden Leute neben mir sagten, die Vorstellung sei eine der besseren der letzten Jahre gewesen. Es klang nicht sehr euphorisch. Aber immerhin positiv. Noch während des Applauses schlich ich mich hinaus. Ich ging auf die Toilette und drehte den Wasserhahn auf. Ein paar Sekunden beobachtete ich das kalte Wasser, wie es im Abfluss verschwand. Dann wusch ich mir mein Gesicht. Ich schwitzte und gleichzeitig war mir kalt. Bevor ich zurück in meine Wohnung ging, wollte ich mit Dull noch in Ruhe eine Zigarette rauchen. Das hatten wir uns versprochen. Sozusagen als krönenden Abschluss unseres gemeinsamen Projekts.

Der Mond legte sein Licht auf die Dächer Berlins. Dull und ich standen auf dem Dach der Schaubühne, ganz vorne, hinter dem Schriftzug, der so markant von der Straße aus zu sehen war. Wir rauchten und sprachen lange Zeit kein Wort miteinander. Erst als wir beide schon fast fertiggeraucht hatten, legte Dull die Hand auf meine Schulter und sagte in seinem typischen Tonfall, der lobend und herablassend zugleich klang: »Ich hätte nicht gedacht, dass du das schaffst.«

»Danke«, sagte ich, »aber ohne dich wäre das niemals möglich gewesen. Du weißt, dass ich dir einiges verdanke, oder?«

»Einiges? Alles, mein Freund.« Er verkniff sich ein Lachen. »Ohne mich wärst du nur einer von vielen. Und ohne diesen Typen, wie war noch gleich sein Name?«

»Matuschek.«

»Genau. Ohne den wärst du heute nicht hier. Kannst du dir das vorstellen? Du würdest weiterhin in deinem Provinznest hocken und von Berlin träumen und von deinem Durchbruch als Autor. Vielleicht solltest du ihm das nächste Stück widmen. Bei ihm solltest du dich auch bedanken.«

Ich schnippte meinen Zigarettenstummel vom Dach und steckte mir eine neue an. »Manchmal frage ich mich, wieso er das getan hat.«

»Der Alte war vielleicht nur nicht mehr ganz klar in der Birne. Du weißt doch, wie die Menschen in diesem Alter sind. Die tragen nicht nur Ansichten mit sich spazieren, die seit vierzig Jahren außer Mode sind, sondern meinen auch noch, dass diese richtig sind.«

»Ich weiß. Aber Matuschek war mir gegenüber meistens sehr aufgeschlossen. Wir hatten nie Probleme miteinander. Vielleicht war es nur Zufall und er dachte tatsächlich, dass ich die Wand beschmiert hatte?«

Dull ließ die Zigarette vor sich zu Boden fallen und trat sie mit der Fußspitze aus. Dann holte er aus seiner

Brusttasche die halb leere Schachtel und steckte sich ebenfalls eine neue an. »Mag sein«, sagte er, die Kippe zwischen den Zähnen. »Wer weiß das schon. Vielleicht hatte er auch nur einen schlechten Tag und du warst zur falschen Zeit am falschen Ort.«

»Du meinst, er hat mich mit Absicht ins offene Messer laufen lassen? Wieso sollte er das tun?«

»Frag ihn doch einfach. Fahr nach Neunbrücken und frag ihn. Oder lass es und freu dich stattdessen.«

»Vielleicht fahre ich wirklich noch mal nach Neunbrücken und stelle ihn zur Rede.«

»Ha! Zur Rede stellen. Der Mann ist Gott weiß wie alt und du willst ihn zur Rede stellen? Das klingt, als hätte er einen Mord begangen.«

»Immerhin habe ich seinetwegen meinen Job verloren.«

»Ich halte das für übertrieben naiv. Lass doch den alten Mann sein, wie er ist.«

»Dann fahre ich wenigstens zurück und strecke meinem ehemaligen Chef meinen nackten Arsch entgegen.«

Dann lachten wir beide, und zwar so laut, dass einige Leute, die unten auf der Straße entlangliefen, nach oben sahen. Es war der würdige Abschluss einer Odyssee. Ja, ich denke, das ist das perfekte Wort für diese Reise, die ich unternommen hatte. Egal, wie sie zustande gekommen war. Die Frage war nur, wie es nun für mich weitergehen sollte. Denn was ich Dull in dieser Nacht auf dem Dach des Theaters nicht erzählte, war die unglaubliche Leere, die ich fühlte. Ich fragte mich, ob es Musikern auch so ging, wenn sie eine Platte fertiggestellt hatten und die Arbeit fürs Erste getan war. Jahrzehntelang war es mein größter Wunsch gewesen, ein Stück zu schreiben, das eines Tages den Weg auf die Bühne finden würde. Alles hatte ich diesem Traum untergeordnet, auch wenn ich in manchen Phasen meines Lebens nicht mit hundert Prozent dabei war. Und trotzdem stand ich an diesem Tag dort oben und hätte voller Stolz behaupten können, dass ich es geschafft hatte. Aber der Stolz kam nicht richtig auf. Die Leere unterdrückte ihn. Ich war ausgebrannt. Mir wurde klar, dass Träume nur solange positiv waren, wie sie unerreichbar blieben. Sobald sie wahr wurden, verloren sie ihren Zauber. Dann fehlte der Haltepunkt, an den man sich klammerte. Das Ziel war erreicht und hinter der Linie, die man überquert hatte, warteten die Selbstzweifel. Ich nahm fünf oder sechs richtig tiefe Züge und blies den Rauch in die Nacht. Berlin hatte mir eine Chance gegeben. Und meine Odyssee endete hier. Vielleicht war es genau das, was den Menschen antrieb, dachte ich. Vielleicht war das Leben keine Reise voller Erfahrungen, sondern vielmehr ein ständiges Sich-etwas-Vormachen. Solange es Wunschvorstellungen in den Köpfen der Leute gab, hatte alles einen Sinn. Ziele mussten unerreichbar sein. Sonst fiel man am Ende in ein Loch. So musste es sein, dachte ich. Das Leben als nicht enden wollender Abspann. Und am Ende genoss ich die Stille nach dem Rausch. Ja, so fühlte es sich an. Still.

»Ich geh mal wieder runter zu den Ehrengästen. Bist du sicher, dass du nicht mitkommen willst? Die Leute wollen doch den Mann sehen, dessen Hirn das Stück entsprungen ist.«

»Nein danke. Lass mal. Ich geh nach Hause. Irgendwie fühle ich mich nicht so gut.«

Unten donnerte ein Krankenwagen vorbei. Sein Blaulicht streifte die Häuserfassaden. Ein paar betrunkene Jugendliche stolperten über die Straße. Einer sah zu uns herauf und nannte uns »Opfer«. Dull stellte sich vor mich. »Was ist los, Lessmann? Ausgebrannt?«

»Ja, irgendwie schon. Kennst du das?«

»Natürlich. Was glaubst du, wie es mir immer geht, wenn ich eine Inszenierung auf die Bühne gebracht habe? Vor der Premiere bin ich nervös und schlafe kaum. Und nach der Premiere bin ich nur noch müde und bleibe tagelang im Bett. Glaub mir, das ist ein normaler Zustand. Von dir ist gerade eine Last abgefallen. Das macht das Leben entgegen der allgemeinen Meinung nicht immer leichter.«

»Ja, das merke ich. Was tust du dagegen? Kann man da überhaupt was machen?«

»Es aushalten. Mehr geht nicht.« Er klopfte mit seiner Faust sachte gegen meine Brust und nickte. Dann ging er an mir vorbei, zurück nach unten. Ich drehte mich nicht nach ihm um. Aber bevor er verschwand, sagte er noch: »Ich wünschte, du würdest dir nicht immer so viele Gedanken machen.«

»Und ich wünschte, mein Vater könnte mich so sehen«, flüsterte ich.

15

Gestern ist Herr Matuschek gestorben. Vielleicht auch schon vorgestern oder vor drei Tagen. Gestern hat man ihn jedenfalls gefunden. Ich habe durch das Fenster die Bestatter dabei beobachtet, wie sie den Leichnam abtransportiert haben. Einer der beiden sah dabei ständig in meine Richtung. Ein Polizist stellte mir ein paar Fragen, die ich fast alle nur mit »keine Ahnung« beantworten konnte. Woher sollte ich auch Details aus Matuscheks Leben kennen? Trotzdem war mir das unangenehm, vor allem, weil der Polizist und sein Kollege immer wieder Blicke austauschten, nach dem Motto »Das ist sein Nachbar. Und der weiß nichts von ihm. Sehr verdächtig«. Ich weiß nicht, ob er eines natürlichen Todes gestorben ist. Im Treppenhaus traf ich seine Enkelin. Ihr Kajal war verschmiert. Ich sprach ihr mein Beileid aus, was sie regungslos zur Kenntnis nahm. Erst als ich ihr ein Taschentuch anbot, fragte sie mich, ob ich ihren Opa gut gekannt hatte. Ich sagte »ja« und fühlte mich schlecht dabei. Sie sagte, dass sie nun niemanden mehr hätte und wahrscheinlich wegziehen würde. Hier hielte sie nichts mehr, erklärte sie mir. Ich sagte, ich wüsste, wie sie sich fühlte. Aber auch das ginge vorbei. So wie alles irgendwann.

Die Premiere von *Nur wenn ich lachen muss, tut es noch weh* ist jetzt drei Monate her. Gleich am Tag nach der Erstaufführung überschlugen sich die negativen Kritiken im Feuilleton. Und alle stellten immer dieselbe Frage: Was will uns der Autor des Stücks eigentlich sagen? Das Ende vom Lied war, dass Dull in einem Anfall selbstzerstörerischer Überheblichkeit den Kritikern Ahnungslosigkeit vorwarf und offiziell seinen Rückzug vom Theater ankündigte. Sie können es sich wahrscheinlich denken, aber diese Meldung hat nicht wirklich für großes Entsetzen in der Szene gesorgt. Wie dem auch sei. Berlin hatte mich erledigt. Ich packte die paar Sachen, die ich noch besaß, und fuhr zurück nach Neunbrücken, wo ich ein paar Nächte bei einem ehemaligen Kollegen aus der Redaktion unterkam. Zu meinen Eltern wollte ich nicht. Ich schämte mich für die negativen Kritiken. Beim Durchstöbern der Wohnungsanzeigen fiel mir dann tatsächlich mein altes Wohnhaus auf. Und was soll ich sagen? Das Leben schreibt halt trotzdem die besten Dramen. Jetzt wohne ich wieder in diesem Gebäude, allerdings in der Erdgeschosswohnung. Und ja, ich bin mir des Sarkasmus dieser Situation durchaus bewusst.

Wie schon gesagt habe ich von Stella nie wieder etwas gehört. Aber ich glaube fest daran, dass es ihr gut geht. Egal ob mit Mann und Kind oder ohne. Das spielt keine Rolle. Sie hat sich nicht wieder bei mir gemeldet.

Ich mich aber auch nicht bei ihr. In der Redaktion ließen mich die Blicke meiner Kollegen beinahe im Boden versinken. Ach ja, das war ja auch noch. Nachdem ich hier wieder eingezogen war, erklärte mir der ehemalige Kollege, bei dem ich übernachtet hatte, dass sich während meiner Abwesenheit einiges bei der *NNZ* getan hatte. Die Zeitung war aufgekauft worden und die Hierarchien hatten sich verschoben. Irgendjemand in dieser Firma musste ein gutes Wort für mich eingelegt haben, denn ich wurde zu einem Gespräch mit dem neuen Chefredakteur eingeladen. Ich erklärte ohne Umschweife meine Situation und erzählte ihm frei von der Leber weg jedes Detail, den Sprayer-Vorfall mit Matuschek, das Theaterstück und die Demonstration. Drei Tage später wurde ich wieder eingestellt, wenn auch vorerst nur befristet. Aber ich bekam eine zweite Chance. Somit war beinahe wieder alles auf Anfang. Als Desktophintergrund wählte ich dieses Mal einen Sandstrand irgendwo in der Südsee. Sie wissen schon, eines dieser Standardbilder. Immer wenn ich meinen PC starte und dann dieses Bild sehe, muss ich lachen. Erstens wegen der Geschichte, die ich damit verdecke, und zweitens wegen der Theatralik, die davon ausgeht. Es ist schon fast lächerlich.

Ich bin mir sicher, in einigen Jahren, wenn ich auf diese kurze Phase zurückblicke, werde ich das mit einem lachenden und einem weinenden Auge tun. Für einen kurzen Moment wähnte ich mich am Ziel meiner Träume. Ein von mir verfasstes Theaterstück wurde aufgeführt. Dazu lebte ich in Berlin, einer der besten Metropolen der Welt. Auch wenn das Ende unrühmlich war. Aber unterm Strich muss ich festhalten, dass ich, auch wenn es nur ein paar Monate waren, meinen Traum gelebt habe. Doch wenn ich jetzt zurückblicke, überwiegt noch die Enttäuschung. Und das macht mich fertig.

Erinnern Sie sich noch daran, was ich ein paar Seiten vorher über Träume schrieb? Dass sie nur solange schön sind, bis sie zur Realität werden? Ich habe beides gesehen, den Traum und die Tragödie. Denn diese beiden Faktoren gehören unweigerlich zusammen. Das weiß ich nun. Ich hätte auch in Berlin bleiben können. Aber für mich war das keine Option. Weil ich mit dieser Stadt auf ewig mein Scheitern verbinde. Und doch muss ich mir selbst die Frage stellen, ob ich wirklich versagt habe. Sehen Sie, im Grunde ist es ja so: Ich war für eine kurze Phase meines Lebens genau dort, wo ich mich immer gesehen hatte. Ob unterm Strich ein positives oder negatives Ergebnis steht, ist also zweitrangig. Für die Zufälle in meinem Leben kann ich nichts, nur dafür, wie ich mit ihnen umgehe. Diese Gedanken könnte ich sisyphosartig vor mir herschieben und irgendwann daran zugrunde gehen. Ich könnte aber auch Dulls Worten

Taten folgen lassen und nicht mehr alles zerdenken. Einfach leben. Das ist vielleicht der wahre Sinn, der sich hinter dem Vorhang verbirgt. Es hat eine Weile gedauert, aber nun bin ich soweit. Ein neuer Akt kann beginnen. Auftritt Leif Lessmann.

Nachwort

Also eines vorneweg: Ich glaube nach wie vor an den Erfolg unseres Stücks. Auch wenn ich mich aus Frust aus der Branche zurückgezogen habe. Manchmal ist die Zeit eben noch nicht reif für ein derart komplexes Theaterstück. Man kennt das ja, einige Schriftsteller wurden auch erst Jahrzehnte nach ihrem Tod berühmt. Dann kommt irgendein dahergelaufener Kritiker und bezeichnet das Werk als episch, obwohl es schon seit einem Vierteljahrhundert in der Schublade lag, und schmückt sich mit einem Ruhm, der ihm gar nicht zusteht. Ich hoffe nur, dass dies bei unserem Stück niemals der Fall sein wird. Dann lieber auf ewig im Keller der Theaterlandschaft verrotten. Soviel erst mal dazu. Ich hielt es für wichtig, das noch einmal klarzustellen.

Zum ersten Mal traf ich Leif Lessmann, als er mit einem Freund von mir vor meiner Tür stand. Ich will nicht verschweigen, dass er mir vom ersten Moment an wie ein Weichei vorkam. Er redete zwar, hatte aber ständig diesen nuschelnden Unterton in seiner Aussprache. Ohne Selbstvertrauen. Als wäre ihm jede Silbe unangenehm, weil sie ja falsch sein könnte. Es dauerte auch eine ganze Weile, bis er richtig auftaute. Zum Glück war ich so frei und habe mir seine Aufzeichnungen durchgelesen. Sie glauben gar nicht, wie viele Manuskripte ich schon in den Händen hielt. Und neunzig Prozent davon kann man getrost als Schrott bezeichnen. Aber als ich *Nur wenn ich lachen muss, tut es noch weh* las, da wusste ich, das kann etwas Großes werden.

Beim Inszenieren ist ein gewisses Maß an Fingerspitzengefühl unerlässlich. Man muss sich in die Darsteller und in das Publikum hineinversetzen können. Das schafft nicht jeder, glauben Sie mir. Da draußen laufen genug Regisseure herum, die nicht über diese Eigenschaft verfügen. Die den Blick niemals über den Tellerrand wenden. Lessmann kann von Glück reden, dass er mich kennengelernt hat. Aber genug des Eigenlobs. Die Zusammenarbeit mit ihm war von Anfang an sehr kreativ. Wir konnten unserer Fantasie freien Lauf lassen, was man dann auf der Bühne auch spürte. Die Idee, am Ende die Glühbirnen zu zertreten, kam von ihm. Ich wollte, dass die Schauspieler das barfuß machen, bekam das bei den Proben aber nicht durchgedrückt. Zum Schluss einigten wir uns wenigstens auf Zimtlatschen. Dann gab es noch eine Szene, in der Dominic, der Hauptdarsteller, Gefühle für einen anderen Mann entwickelte. Meine Lieblingsszene. Weil, genau da konnten wir mit den Klischees so richtig übertreiben. Wir ließen einige

Statisten die Bühne stürmen, verkleidet als Bauern, mit Mistgabeln und Fackeln in den Händen. Sie vertrieben Dominic von der Bühne und setzten sich danach in einem Stuhlkreis zusammen, wo sie sich für ihre Tat feierten. Einige von ihnen legten ihre Kittelschürzen und Arbeitsjacken ab. Darunter trugen sie T-Shirts mit verschiedenen Motiven oder Aufschriften. So zum Beispiel ein Shirt mit dem Konterfei von Che Guevara. Wir wollten die Leute als heimliche Rebellen darstellen, die sich in ihrer eigenen Blase bewegten und eigentlich gar keine Ahnung von der großen Welt hatten. Das klingt jetzt ein bisschen komisch. Am besten, Sie sehen sich das Stück einfach an, sollte es jemals wieder irgendwo aufgeführt werden. Aber dank der Kritiker wird das wohl noch eine Weile dauern.

Kritik – das ist überhaupt ein sehr sensibles Thema. Haben Sie sich je darüber den Kopf zerbrochen, wer Sie weshalb kritisiert hat und mit welchem Recht? Auf diesem Planeten laufen Tausende Menschen herum, die meinen, einem sagen zu können, was gut und was schlecht ist. Ganz ehrlich, da platzt mir der Kragen. Viele fanden meine Reaktion nach den negativen Berichten in der Zeitung übertrieben. Einer sagte zu mir, ich könne nicht einfach alles hinschmeißen. Oh doch, genau das konnte ich. Wieso denn nicht? Sehen Sie, wir leben mittlerweile in einer Welt, in der jeder seine Meinung zu haben scheint, selbst über Dinge, von denen er nichts versteht. Irgendwann reichte es mir dann einfach. Ich lasse mir doch nicht von jedem dahergelaufenen Studienabbrecher sagen, was ich besser zu machen habe. Kritik ist ein ekelhafter Ausdruck der eigenen Unzulänglichkeit. Der neutrale Ton dieses Wortes wird seiner Reichweite gar nicht gerecht. Man sollte ein neues Wort dafür erfinden. Irgendeines, das abwertender klingt. Und zwar so, dass es die Leute ekelhaft finden, dieses Wort zu verwenden. Vielleicht inszeniere ich nie wieder ein Stück. Aber definitiv werde ich ein Essay über den Zustand unserer Gesellschaft schreiben. In einer Welt, in der jeder per App mit dem anderen verbunden ist und man binnen Sekunden alles googeln kann, was man wissen möchte, fehlt doch die Fantasie, oder? Also ich merke es bei mir immer, wenn ich ein paar Tage vor dem Tablet verbracht habe. Dann verlernt das Gehirn das eigenständige Denken. Kinder werden aufwachsen und denken, es sei richtig, schon früh am Morgen sturzbetrunken daheim auf dem Sofa zu sitzen und Kette zu rauchen. Und wenn das Geld vom Staat einmal weg ist, kann man ja immer noch ins Dschungelcamp, sich als Bachelor ausgeben oder nackt auf einer Insel einen Gleichgesinnten suchen. Mein Gott, was ist nur aus diesem Land geworden. Tun Sie mir einen Gefallen. Wenn Sie dieses Buch gelesen haben, lassen Sie es sacken. Denken Sie darüber nach, was hier eigentlich passiert ist. Aber nicht, wieso sich die Dinge so entwickelten. Das ist nicht zu beeinflussen. Sondern was man letztendlich daraus für Schlüsse zieht. Und dann lesen Sie es noch einmal. Und noch einmal.

Ich hatte ein ziemlich tiefgründiges Gespräch mit Lessmann über das Thema Zufall. Ich verwies auf *Homo Faber*, wo Faber ja auch von Zufällen bestimmt seine Geschichte erlebt. Lessmann glaubte nicht an Schicksal, was schon mal ein guter Anfang war. Für die Kunst, die wir betrieben, musste man ein Freigeist sein. Und ein Egozentriker, aber das trifft in diesem Fall wohl nur auf mich zu. Also, bei diesem Gespräch erklärte ich meinem Freund, denn das war er in der Zwischenzeit auch geworden, obwohl ich ihm das nie gesagt habe, dass grundsätzlich egal war, welchen Weg wir einschlugen. Das Leben machte eh, was es wollte. Ich glaube, das hat ihm damals ganz schön zugesetzt. Er hat sich dann drei Tage rausgenommen und wir mussten die Arbeiten unterbrechen. Danach wirkte er ein bisschen lockerer. Manchmal dauert es eben, bis man begreift, wieso sich etwas entwickelt.

Die ganze Geschichte war schlussendlich doch eine einzige große Metapher. Träume und wie sie zerplatzten – das war das eigentliche Thema. Und wie es danach weiterging. Ich denke, Lessmann hat in diesen wenigen Monaten in Berlin mehr über sich selbst gelernt als in den dreißig Jahren vorher. Manchmal muss man ausbrechen aus dem Alltag, sich von einem Abenteuer ins nächste stürzen und sich einfach seinem Schicksal überlassen. Jetzt habe ich dieses Wort doch verwendet, obwohl ich mir fest vorgenommen hatte, es zu meiden. Schicksal ist doch auch nur eine Ausrede. Aber das wissen Sie sicherlich. Ich kann mir nicht vorstellen, dass jemand dieses Buch liest, der keinen Hang zur Selbstreflexion hat.

Was bleibt mir jetzt noch zu sagen? Glückwunsch. Glückwunsch dazu, dass Sie diesen kleinen Roman gelesen haben. Vielleicht kommen Sie eines Tages mal nach Berlin und vielleicht laufen Sie den Kurfürstendamm entlang (was Sie als Tourist sicherlich tun werden). Dann gehen Sie einfach ein Stück weiter, bis zum Lehniner Platz. Dort kommen Sie an der Schaubühne vorbei. Dann gehen Sie hinein und fragen einen der freundlichen Angestellten nach dem Stück *Nur wenn ich lachen muss, tut es noch weh* von Hans Dull und Leif Lessmann. Man wird Sie mit großen Augen ansehen und für einen ausgewiesenen Theaterexperten halten. Mit diesem Gefühl können Sie dann im Café ein Kaltgetränk genießen. Großartig, oder?

Ihr Hans Dull